난생처음 서핑

KB191914

난생처음
02

난생처음 서핑

파도가 우리를 밀어줄 거야

1판 1쇄 발행 2020년 8월 17일

지은이 김민영
발행인 유성권

편집장 양선우
기획·책임편집 신혜진 편집 윤경선 백주영
해외저작권 정지현 홍보 최예름
마케팅 김선우 박희준 김민석 박혜민 김민지
제작 장재균 물류 김성훈 고창규

펴낸곳 ㈜이퍼블릭
출판등록 1970년 7월 28일, 제1-170호
주소 서울시 양천구 | 목동서로 211 범문빌딩 (07995)
대표전화 02-2653-5131 | 팩스 02-2653-2455
메일 tiramisu@epublic.co.kr
인스타그램 instagram.com/tiramisu_thebook
포스트 post.naver.com/tiramisu_thebook

* 이 책은 저작권법으로 보호받는 저작물이므로 무단 전재와 복제를 금지하며,
  이 책 내용의 전부 또는 일부를 이용하려면 반드시 저작권자와 ㈜이퍼블릭의
  서면 동의를 받아야 합니다.
* 잘못된 책은 구입처에서 교환해드립니다.
* 책값과 ISBN은 뒤표지에 있습니다.

이 도서의 국립중앙도서관 출판예정도서목록(CIP)은 서지정보유통지원시스템 홈페이지(http://
seoji.nl.go.kr)와 국가자료공동목록시스템(http://www.nl.go.kr/kolisnet)에서 이용하실 수 있습니다.
(CIP2020031964)

난생처음 서핑

파도가 우리를 밀어줄 거야

김민영 지음

티라미수
THE BOOK

프롤로그

~~~~~~~~~~~~~~

파도가 몰아치는 날엔, 바다로

나는 내 정체성의 반의반쯤은 '서퍼'에 두고 있다. 장난처럼 '내 핏속에는 소금물이 흐르고 있다'라고 말할 정도로. 서핑을 시작한 지 5년째, 이렇게 입에 침이 마르도록 서핑 이야기를 하고 다니지만 사실 넓디넓은 바다 위에서 나는 여전히 조무래기일 뿐이다. 지금도 그러니 처음에는 어땠을까. 가관도 그런 가관이 없었다.

파도가 치지 않는 잔잔한 바다에서도 자주 중심을 잃었고, 파도가 칠 때는 어김없이 보드와 함께 뒤집어졌다. 파도 타는 스릴보다는 콧속으로 드릴처럼 밀고 들어오는 소금물을 더 많이 느꼈고(덕분에 만성 비염인데도 코가 뻥 뚫렸다), 파도 위에 올라서기보다 파도에 뒤통수 맞는 일이 더 잦았다. 바다에서 놀다 나오면 배가 고파야 하는데 물을 얼마나 많이 먹었는지 배가 빵빵했다.

그런데 참, 희한도 하지. 그럼에도 서핑이 좋았다.

서퍼가 된다는 건 놀라움의 연속이었다. 파도의 속도로 바다 위를 신나게 달릴 수 있고, 귓가 1센티 옆에서 찰랑거리는 물소리를 들을 수 있으며, 바다 위로 폴딱거리는 물고기와 아이콘택트를 할 수 있다니. 그런 눈 호강, 귀 호강이 또 어디 있을까. 푸른 하늘빛을 그대로 이어받은 바다 위에 떠 있다 보면 가끔 내가 있는 곳이 하늘처럼 느껴지고, 저 멀리 보이는 해변만큼 내 모든 문제가 멀찍이 밀려났다.

서퍼의 눈을 갖게 된 이후 침침하게만 보였던 세상을 조금은 더 밝게 바라볼 수 있게 됐다. 폭풍우가 몰아치면 '기껏 여기까지 왔는데 아무 데도 못 가겠네' 하며 투덜거리는 대신 '곧 서핑 하기 딱 좋은 파도가 들어오겠구나' 생각할 수 있게 됐다. 세상이 아무리 나를 혹독하게 다뤄도 조금은, 아주 조금은 긍정적인 시선을 던질 수 있게 됐다. 파도와 '밀당'하는 사이 나도 모르게 몸과 마음이 건강해졌다. 서퍼가 되어 세상이 조금은 더 견딜 만해졌다.

•

인생에 파도가 몰아칠 때, 그래서 삶이 요동칠 때면 바다에 간다. 그곳에서 서퍼들과 샤카Shaka 사인을 주고받는다. 엄지와 새끼손가락만 남기고 가운데 세 손가락을 접으면 서퍼들의 인사인 샤카 사인이 된다. 사랑과 연대, 이해를 뜻한다는 이 수신호에는 '멋져, 잘했어', '고마워', '환영해, 안녕' 같은 의미가 깃들어 있다고 한다. 나는 여기에 한 가지 의미를 추가해 사용한다. 바로 생존 신고다.

'살아 있어?'

'살아 있어!'

큰 파도에 정신없이 말려서 숨도 잘 못 쉬고, 눈도 제대로 뜨지 못한 상태로 주고받는 우리의 인사.

나는 오늘도 살아 있음을 절절히 느끼기 위해, 나에게도 너에게도 마음을 다해 안부를 묻기 위해, 파도가 출렁이는 바다를 꿈꾼다.

차례

1장   바다 위에서 무지개를 보고 싶다면

2장   파도가 내게 하는 말

3장   파도가 우리를 밀어줄 거야

4장   바다 밖에서도 삶은 이어지고

1장

바다 위에서

무지개를 보고 싶다묘

"서핑은 마피아 같아요.
일단 들어오면 그걸로 끝입니다. 출구는 없어요."

– 켈리 슬레이터 *WSL 11회 챔피언*

It is like the mafia. Once you're in–you're in.
There's no getting out.

– *Kelly Slater*

한국에 온 발리 사람

"이 친구 고향이 발리예요."

가끔 친구들은 처음 누군가를 만나는 자리에서 나를 이렇게 소개한다. 누가 봐도 뻔한 거짓말인데, 신기하게도 다들 철석같이 그 말을 믿는다.

"아, 그래서 명절마다 발리 가시는구나."

그렇다. 나는 근 4년, 명절마다 빠지지 않고 발리에 갔다. 남들이 귀성, 귀경 열차표를 예매하느라 손가락에 불이 나게 새로고침을 누를 때 나는 눈에 불을 켜고 발리행 항공표를 예매한다. 마치 그곳이 멀리 떠나온 고향이라도 된다는 듯이. 내가 발리에 꿀단지라도 숨겨놓은 듯 뻔질나게 다닌다는 사실은 인스타그램만 한번 쓱 훑어봐도 쉽게 알 수 있다. 서울, 서울, 서울, 나주, 발리, 발리, 발리 하는 식이다(그렇다, 진짜 고향인 나주에는 별로 자주 안 간다). 그래서 그렇게들 의심 한번 안 하고 쉽게 속아 넘어가는 것 같다. 다 같이 한참을 깔깔거리고 나서야 나는 느물느물 히죽거리며 정체를 밝힌다.

"네, 전라도 나주시 발리 사람입니다."

"아, 뭐야! 그럼 발리에는 왜 그렇게 자주 가세요?"

"서핑 하러요!"

이 말을 하기 위해 내내 기다렸다는 듯 나의 대답은 시원스럽다. 아무렴, 발리는 서핑이지. 나에게 발리는 서핑이고, 서핑은 곧 발리다. 내가 하는 서핑의 99퍼센트는 발리에서 이뤄진다. 그래서 친구들은 내가 발리 가자고 하면 서핑 하자는 말로 알아듣고, 서핑 하고 싶다고 말하면 발리 가고 싶으냐고 묻는다.

"발리가 뭐가 그렇게 좋아요?"

그러게. 발리가, 서핑이 뭐가 그렇게 좋을까? 길게는 석달, 짧게는 열흘. 왜 틈이 나면 발리에 못 가서 안달복달인 걸까? 찰랑찰랑 파도 소리 ASMR만 틀어봐도, 아니 서핑 장면을 담은 섬네일을 보기만 해도 기분이 좋아지는 건 무슨 조화일까?

으음, 사실 발리가 좋은 이유를 말하라면 나는 그저 "홍시 맛이 나서 홍시라고 대답했을 뿐"이라고 말하면서 눈을 데굴데굴 굴릴 수밖에 없을 것 같다. 누군가를 사랑하는 이유를 말하려면 좋은 게 너무 많아서 오히려 입이 잘 떨어지지 않는 것처럼.

일단 떠오르는 대로 이야기해보자면……, 우선 발리에서는 서핑 비용이 비교적 저렴하다. 누가 뭐래도, 설혹 내게 억만금이 있다 해도, '가성비'는 중요한 법(물론 억만금은 고사하고 다달이 카드 값 대느라 허리가 휩니다만). 어디에 있든 바다가 가깝고, 그 바다는 무료로 파도를 공급해주고, 보드를 빌리고 배우느라 등골 빠지지 않아도 된다. 우리나라 공원 곳곳에 허리 돌리고 윗몸 일으키고 거꾸로 매달리는 체육시설이 있는 것처럼 발리에선 서프보드 위에서 허리를 돌리고 거꾸로 매달리고 윗몸을 일으킨다. 발리에서 서핑은 돈이 별로 안 드는 생활체육에 가깝다.

그렇다 보니 발리 바다 위에선 다양한 사람을 만날 수 있다. 바다는 누구에게나 열려 있고, 머리에 피도 안 마른 꼬맹이든 백발이 성성한 할아버지든, 난다 긴다 하는 슈퍼리치든 하는 일이라곤 오로지 서핑뿐인 백수 한량이든, 한국인이든 발리인이든, 발리의 바다 위에선 너도 나도 그저

한 명의 서퍼일 뿐이다. 그리고 그 속에 너무나도 아무렇지 않게 내가 있다. 어쩌면 그런 자유로움이, 아무렇지 않음이 나를 자꾸 발리 바다로 이끄는지도 모르겠다.

발리 바다에서 빼놓을 수 없는 재밌는 점 또 하나. 서핑은 원래 파도 싸움이다. 파도는 지형과 날씨와 시간과 기타 등등 아무튼 현지의 모든 것에 영향을 받아 만들어지기 때문에, 그 바다를 잘 알고 익숙한 현지인에게 유리할 수밖에 없다. 파도의 수는 정해져 있는데, 공급에 비해 수요가 많으면 경쟁이 치열해질 수밖에 없고, 그럴 때는 현지인도 자기 파도를 지키고 싶어 한다. 그래서 탈 만한 파도가 들어오는 바다면 어디든 텃세가 있기 마련이다.

그런데 발리에서는 좀 다르다. 뭐 이리 친절하고 욕심 없는 사람들이 다 있나 싶게, 먼저 가라며 흔쾌히 파도를 양보한다. 가끔은 파도를 양보하는 데 그치지 않고, 한번 타보라고 밀어주기까지 한다. 애초에 서핑 자체가 발리 관광산업에서 큰 부분을 차지하기도 하고, 오래전부터 호주 사람, 프랑스 사람, 일본 사람, 러시아 사람, 심지어 한국 사람 등등이 현지인처럼 그곳에 터를 잡아서이기도 할 테다.

처음 발리에 왔을 땐, 이런 호의 뒤에 무엇이 숨어 있을

지 모른다며 눈을 가늘게 뜨고 의심에 의심을 거듭했다. 바다에서 날 밀어주면, 혹시나 나가서 돈을 달라고 하는 건 아닐까 싶었고, 내게 탈 타이밍을 알려주면 이상한 파도에 날 실어 치워버리려는 게 아닐까 싶어서 파도를 그냥 보내버린 적도 있다. 하지만 내게 돈을 요구한 사람은 아무도 없었으며 지나간 파도는 그 누구에게도 양보하기 아까울 만큼 타기 좋았다. 언제부터 이렇게 호의를 그저 호의로 받아들이지 못하게 된 걸까. 삭막한 서울 생활에 언제 이렇게 물들어버린 걸까. 그런 내게 발리 바다에서 만난 사람들은 한 줄기 신선한 바람 같았다.

"이런 건 책임을 분명히 해야 해. 네 책임이 아니라는 걸 보여주는 게 중요해."

잘되면 내 덕이고 안 되면 네 탓이라고 했던가. 오늘도 서울 생활은 그렇게 돌아간다. 한바탕 누구 책임인지, 혹은 누구 공인지를 따지는 시간이 지나가면 나는 조용히 자리로 돌아와 귓구멍에 파도 소리를 밀어 넣는다. 사는 게 팍팍하고 심산할 때면 나도 모르게 나지막하게 진심이 튀어나온다.

"아, 발리 가고 싶다."

그렇게 오늘도 나만 아는 전쟁을 치르고 퇴근하는 길, 자전거를 타고 한강을 따라가다 보면 바람이 얼굴에 스친다. 강변을 따라 철썩대는 강물을 보고 있으면 발리를 향한 그리움이 한결 더 커진다. 보드 위를 애벌레처럼 기어서 기어이 운 좋게 잡아낸 파도 하나에 온 세상을 다 얻은 듯 기뻐하는 내 모습을 떠올리며 잠시 웃는다. 시원스레 펼쳐진 바다와 그 바다에서 일떠난 파도 위에 서는 그 순간을 생각하면 가슴에 얹어놓은 돌이 잠시 가벼워진다. 이래서 서핑을, 발리 바다를 못 끊는 모양이다.

발리에서 서핑한 시간이 쌓이고 쌓여 아는 서핑 포인트가 늘어날수록, 또 오직 같이 서핑을 한다는 이유만으로 누구보다 막역한 관계를 맺는 얼굴들이 많아질수록, 나는 어느 틈엔가 발리를 안 가고는 못 배기는 사람이 돼버렸다. 그렇게 나는 발리에 간 한국 사람이 아닌, 한국에 온 발리 사람이 돼가고 있는 중이다.

날카로운 첫 서핑의 기억

발리, 발리 노래를 부르는 발리 예찬론자지만 사실 내 첫 서핑 장소는 발리가 아니었다. 더구나 그 첫 경험의 기억이 썩 좋지도 않았다(솔직히 고백하자면 '테러블 호러블!'에 가깝다). 서핑에 푹 빠지게 될 거라는 예감 따위 전혀 없었고, 심지어 지속할 수 있는 취미로도 생각하지 않았다. 꼭 한번 해보고는 싶지만, 딱 그 한 번으로 그칠 이벤트성 체험으로 여겼다. 마치 번지점프나 패러글라이딩처럼.

당시 나는 프리랜서 피디로 일하던 방송국을 그만두고 (고용 형태만 프리랜서였을 뿐, 나인 투 식스 직장인이나 다름없는 생활이었다) 그동안 모아둔 돈으로 유럽 배낭여행을 하고 있었다. 퇴사에 엄청난 이유가 있었던 건 아니다. 회사에 나의 미래가 없는 것 같았기 때문이다. 처음에 그 자리를 제안받았을 때만 해도 기회라고 생각했다. 아직 학교를 졸업하지 않는 학생 신분인 나에게, 그것도 인턴을 막 수료한 사람에게 프리랜서 자리를 제안하는 게 흔한 일은 아니니까. 하지만 반년쯤 지나고 보니, 이 기회에는 결코 뚫을 수 없는 천장이 있었다. 6개월마다 인턴이 바뀌고, 2년마다 계약직과 파견직 동료들이 물갈이되는 공간에서 프리랜서인 나라고 해서 다를까. 이러다간 내내 그 타령만 하다가 끝날 것 같은 불안감에 미련 없이(정말?) 손을 탁탁 털고 나온 참이었다. 그렇게 첫 회사를 퇴사한 다음 날 바로 유럽행 비행기에 몸을 실었다.

이제 다달이 월급을 꽂아주는 회사와는 결별했고, 게다가 백수생활이 언제까지 이어질지 기약할 수 없던 내게 물가가 싼 포르투갈은 여행지로 아주 제격이었다. 게다가 포르투갈 맥주 수퍼복Super Bock과 포트와인은 최애 술 중 하나였다. 비행기표를 끊을 때부터 나는 내가 포르투갈을 좋아하리라는 걸 알았다. 그리고…… 포르투갈은 예상과는 전혀 다른 방식으로 내게 강렬한 기억을 남겼다.

포르투는 포르투갈에서 두 번째로 방문한 도시다. 상벤

투São Bento 기차역에서 내려서 호스텔에 들어갔는데, 로비 한가운데 붙어 있는 포스터가 두 눈을 사로잡았다. 포스터에는 'SURFING?'이라는 글자가 큼직하게 박혀 있었다. 그 시절 나는 내셔널지오그래픽 유튜브에서 서핑 하는 모습을 보고는 한눈에 반한 상태였다. 세상에, 물 위에서 하는 판때기 운동이라니. 서핑은 내가 좋아하는 모든 것을 합쳐놓은 것만 같았다. 게다가 스노보드를 타다가 꼬리뼈에 금이 간 이후로는 선뜻 널빤지 운동을 하기가 어려웠는데, 물에서 한다면 그런 걱정은 접어놔도 될 것 같았다. 이러니 혹할 수밖에.

"여기서 서핑 할 수 있어?"

지나가는 직원을 붙잡고 묻자 그는 뭘 그런 당연한 걸 묻느냐는 듯 고개를 무심하게 끄덕이고는 포스터 밑에 붙은 신청서를 턱으로 가리켰다. 서핑에 대해서는 일자무식이었던 터라, 포르투갈이 빅웨이브의 성지라는 것도, 각종 국제 서핑 대회가 열리는 곳이라는 것도 몰랐다. 그저 해보고 싶다는 마음 하나로 냉큼 신청자 명단에 이름을 올리고는 기대감에 입맛을 쩝쩝 다셨다.

만약 그때 서핑이라는 게 전신 근육통과의 운명적인 만남이라는 걸 알았다면, 눈, 코, 입 몸의 구멍구멍에서 소금물이 줄줄 흘러나오게 되리라는 걸 알았다면 그 이름, 적었을까? 가끔 그때를 떠올리며 스스로에게 묻곤 한다.

약속 시간, 호스텔 앞으로 나가자 'surfing'이라고 크게 적힌 지프 한 대가 세워져 있었다.

"미……ㄴ영 킴?"

차 앞에 서 있던 서핑 강사는 명단 확인을 하고는 내가 차에 올라타자마자 시동을 걸었다. 그러고는 래시가드 차림의 내게 여기는 한여름에도 물이 차갑다며 해녀복 같은 전신 슈트를 내밀었다. 아니, 어차피 바다에서는 거의 다 벗고 노는데, 서핑이 잠수도 아니고 물에 떠서 하는 레포츠 아닌가? 굳이 이렇게까지 꽁꽁 싸맬 일인가? 그때 의심했어야 했다. 내 머릿속 서핑과 실제 서핑이 하늘과 땅만큼이나 다를지 모른다고. 하지만 의심이 깊어질 틈도 없이 곧바로 기초적인 지상 강습이 이어졌다. 보드 위 어디에 누워야 하는지, 어떻게 팔을 저어야 하는지, 어떤 자세로 일어서야 하는지, 어떻게 해야 방향을 틀 수 있는지 등등. 그런 다음 강사는 보드를 머리에 이고 눈짓으로 바다를 가리켰다. 그리고…… 내 첫 서핑의 온전한 기억은 거기서 끝이 났다. 그 이후는 취한 사람처럼 기억의 필름이 드문드문 씹혀 있다. 간간히 나를 향해 "UP! UP!"이라며 소리지르는 털북숭이 강사의 얼굴이 떠오를 뿐.

내가 아는 서핑은 분명 보드 위를 하늘하늘 날아다니는 거였는데, 유튜브에서 본 건 그랬는데, 현실의 나는 왜 물미역인가! 축 늘어진 상태로 파도가 가자는 대로 정처 없이 떠 다녔다. 내가 파도를 타는 게 아니라 파도가 나를 타는 기분. 파도가 나인가, 내가 파도인가, 여긴 또 어딘가.

파도가 부서질 때면 고층건물이 무너지는 것 같은 소리가 났다. 쿠우웅쾅쾅 파도가 무너지고 내가 있는 쪽에 하얀 거품이 다다른다 싶으면 강사는 일어나라고 소리를 치면서 보드를 밀어줬다. 파도 소리가 얼마나 큰지 강사 목소리는 온 신경을 집중해야 겨우 들릴 듯 말 듯했다. 문제는 강사의 목소리에 귀 기울일 정신이 없다는 것. 눈, 코, 입에 바닷물 콸콸 들이치는데 귀라고 예외일까. 안 들리니 내가 무슨 수로 강사 말대로 몸을 움직일 수 있을까. 그래서 자주 일어나면 안 될 때 일어나고, 일어나야 할 때 누워 있었다. 또 제때 일어났다 싶으면 바다가 멋대로 내 보드의 행방을 정해버렸다. 정신 차리고 보면 엉뚱한 곳으로 떠밀려가 있거나, 파도에 휩쓸려 허우적거리거나, 바닷물을 배부르게 먹기 일쑤였다.

강사 말대로 전신 슈트를 입지 않았다면 턱관절에 핸드

폰 진동이라도 온 것처럼 이를 닥닥 부딪으며 꽁무니를 뺐을지도 모른다. 보드 뒤에서 시꺼먼 바다가 입을 벌리고 따라오는 기분이었다. 나 아니면 내 보드를 끌어줄 사람이 아무도 없다는 생각에 어깨가 아릴 지경이면서도 팔을 멈출 수가 없었다.

그렇게 두 시간쯤 지났나. 팔을 저으면 손끝이 저릿저릿하고, 어깨죽지는 기름칠 안 한 자전거 체인처럼 삐걱거리고, 뒷목에 쥐가 난 듯 고개를 들 수조차 없었다. 내가 모세도 아니고, 뭔 바다 위에 서겠다고 이 난리를 피웠나 하는 후회가 파도처럼 철썩철썩 밀려들었다. 내가, 왜, 철썩, 도대체 왜, 철썩, 서핑을, 철썩, 하겠다고, 철썩……

마침내 뭍에 닿았을 때, 아무 힘도 남아 있지 않았다. 혼자선 보드도 못 들어서 강사가 대신 들어줘야 했다. 발이 푹푹 빠지는 모래사장은 왜 이렇게 원망스러운지, 내가 여행을 온 건지, 전지훈련을 온 건지 헷갈릴 정도였다. 숙소에 도착해 씻고 침대에 누웠을 때에야 '아, 이제 살았다' 싶어 안도감이 들었다.

좋은 기억은 추억이 되고 안 좋은 기억은 경험이 된다는데, 첫 서핑의 기억은 후자 쪽이라 그땐 정말이지 그게 처음이자 마지막 서핑일 줄로만 알았다.

'빛나는' 서핑 여행

호기롭게 유럽 여행을 마치고 한국으로 돌아온 나를 기다리고 있는 건 퇴사 끝, 취준 시작이었다. 이때까지만 해도 설마하니 3년이나 더 취준생활을 할 줄은 몰랐다. 인턴에, 프리랜서 경력까지 이 정도면 스펙 종합세트를 채운 거니까, 금세 새로운 자리를 찾을 줄로만 알았다. 그러나 그건 내 생각일 뿐, 현실은 늘 다르게 흘러간다.

메일함에는 귀하를 모시지 못해 몹시 안타깝다는 탈락 메일이 쌓여갔고, 그와 함께 내 삶에도 무기력과 우울함이 지치지도 않고 부지런히 적립됐다. 눈을 감으면 뭐가 됐든 해결책을 찾느라 머리가 뺑뺑 돌아가는 통에, 도무지 잠을 잘 수가 없었다. 양도 세어보고, 스트레칭도 해보고, 양파도 머리맡에 놔보고, 잠을 자기 위해 별의별 방법을 다 써 봤지만 아무 소용이 없었다. 그런데 신기하게도 무슨 수를 써도 멈추지 않던 뇌가, 파도 소리 ASMR을 들으면 잠시 멈췄고, 이내 잠들 수 있었다. 첫 서핑에서 그렇게나 혼쭐이 났으면서 파도 소리를 들으며, 나는 어느새 서핑을 다시 해보고 싶다는 생각을 하고 있었다.

하지만 역시 서핑에는 아무래도 허들이 많다. 발리 서핑이 저렴하다고는 하지만 상대적으로 싸다는 거지, 사실 서핑은 다른 운동보다 확실히 돈이 많이 든다. 파도가 있는 곳을 찾아가야 하고, 보드가 없으면 빌려야 하고, 보드가 있으면 그 보드를 나르기 위한 차가 있어야 하고, 날이 추우면 몇십 몇백 만 원짜리 슈트를 입어야 하고, 안 추운 곳에서 탄다고 해도 보드에 바르는 베이직 왁스나 몸에 바르는 징크(서핑용 선크림), 안전장치인 리쉬(보드와 사람을 연결하는 끈으로 생명줄이나 마찬가지다) 등은 꼭 있어야 한다. 돌아보면 내가 포르투에서 서핑을 할 수 있었던 이유도, 포르투의 서핑 가격이 우리나라보다 저렴한 데다가 '인생에서 한 번인데 뭐' 하는 여행 프리미엄이 있었기 때문이니까.

나름 계산기를 두드리며 살던 내가 다른 생각을 하게 된 건 무려 열네 번이나 연달아 언론사 공채에서 떨어졌을 때였다(유럽 여행 전에 열 번, 돌아와서 네 번 떨어졌다). 기억하는 것만 열네 번이지, 잊고 싶어서 메일, 문자 다 삭제해버린 통에 잊혀버린 탈락도 있다. 그전에 하던 스터디는 합격자가 나와 파토가 나는 바람에 새로운 스터디에 들어갔는데, 처음 보는 그들의 얼굴에는 나와 같은 피로가 잔뜩 묻어 있었다. 세 평짜리 스터디룸 안에 다닥다닥 붙어 앉아 앞으로의 룰과 커리큘럼에 대해 얘기하고는 다음에 보자는 말과 함께 계단을 내려가는데, 문득 소름 끼치는 사실을 깨달았다. 서로 통성명조차 하지 않았던 것이다. 어이없는 헛웃음과 함께 고개를 푹 숙였다. 세상을, 사람을, 이야기를 담고 싶다는 사람들이 모여서 아무것도 담아내지 못하고 있다는 게 참 아이러니했다.

세상을 보는 시각이 이런 스터디를 통해 만들어지는 건 아닐 거라는 생각이 들었다. 뭔가 잘못됐다 싶었다. 원래대로라면 다음 공채 때까지 남은 시간과 공부해야 하는 시사상식, 갱신해야 하는 점수, 소요 비용 등을 계산기에 집어넣고 두드렸을 텐데, 이번엔 좀 다른 것들을 집어넣어보기로 했다.

우선 취준생활과 함께 시작된 지긋지긋한 불면과 인턴과 프리랜서 생활을 하면서 느낀 점, 이렇게 사는 게 맞는 건가 싶은 본질적인 고민까지 한데 넣고 고심했다. 거창하게 뭘 해보겠다는 생각은 없었다. 그저 잠을 좀 자고 싶었고 우울하기 싫었고, 나를 둘러싼 환경을 바꿔보고 싶었다. 그리고 때마침 30만 원 정도 되는 발리행 왕복 티켓이 내 눈에 포착됐다. 장장 49박 50일짜리였다. 다분히 충동적인 결정이었다. 금방이라도 나의 '본캐'가 튀어나와서 '지금이 그럴 때냐'고 채찍질을 해댈까 봐 황급히 결제 버튼을 눌렀다. 그래, 발리에 가서 서핑을 하자.

이제부터 뒷감당은 미래의 내 몫이다. 취준생 처지에 그만한 돈이 있을 리가. 우선 비행기표만 끊어놓고 어쩌지 싶은 참에 대출 광고가 눈에 들어왔다. '한 번쯤 이뤄보고 싶은 꿈이 있나요?' 괜히 발리 가는 게 평생의 꿈이라고 얘기해야 할 것 같은 기분이었다. 나는 두 눈 꼭 감고 대출신청 버튼을 눌렀다. 그렇게 빌린 돈이 200만 원. 엄마 아빠는 여전히 이 사실을 꿈에도 모른다.

"도대체 무슨 생각이었어?"

서핑을 하고 돌아와 친구들에게 사실 대출을 받아 갔다

왔다고 얘기하니까 하나같이 경악하는 표정을 지어 보였다. 나는 그런 친구들에게 되물었다.

"너희 서울에서 3개월 사는 데 돈이 얼마나 드는지 알아?"

사실 완전히 계산기를 내려놓은 건 아니었다. 우선순위가 달라졌을 뿐이다. 겉보기엔 참 대책 없다고 혀를 끌끌 찰지도 모르지만, 사실 내게는 나름 다 계획이 있었다. 지방에서 올라와 서울에서 산다는 건 매분 매초 숨을 내쉴 때마다 돈이 들어가는 거나 마찬가지다. 내가 머무는 원룸은 공과금 별도에 보증금 1,000만 원, 월세 60만 원이었다. 계산해보면 하루에 공과금을 포함한 숙박비로 2~3만 원, 모든 게 다 구비돼 있는 고향 집이 아니니까 식비로 또 1~2만 원, 어디로 이동해야 하거나 커피라도 한잔 마실라 치면 비용이 훌쩍 또 뛴다. 단순히 먹고 사는 데만 최소 하루 5만 원씩 쓰는 셈이다. 하루 생존비 5만 원, 한 달로 치면 150만 원이다.

그런데 200만 원으로 두 달 가까운 기간 동안 서핑도 하고, 또 건강하게 먹으며 취준생활을 할 수 있다면? 남들이 보기엔 정신 나간 선택일지 몰라도 나로서는 발리행 비행기에 몸을 실지 않을 이유가 없었다. 실제로 발리에서의 취준생활은 생각보다도 훨씬 원활했다. 잠도 잘 잤고, 덜 우울하니 해야 할 일을 더 잘할 수 있었다. 한국에선 달달 외워야 했던 시사상식이 발리에 나와 있으니 우리나라 근황처럼 느껴져 머리에 쏙쏙 들어왔고, 주로 영어로 의사소통을 하다 보니 한국에 돌아가 본 토익 시험에서는 처음으로 900점을 넘기기도 했다.

말레이시아를 경유하는 비행기 값 30만 원에, 호텔급 원룸 빌라를 한 달 빌리는 비용은 끽해야 25만 원. 스쿠터 한 달 렌트비 6만 원이면 어디든 갈 수 있고, 기름을 '만땅' 채우는 데는 3,000원밖에 들지 않았다. 보드를 한 달 빌리는 값도 5만 원이면 그만이었다. 빚져서 간 여행에서 나는 꽤 부유하게 살았다. 몇 박 몇 일 여행 온 사람들처럼 그럴싸한 식당에 매일같이 들르는 대신, 반짝이는 바다 위를 매일같이 떠 다녔다는 게 다를 뿐.

사는 데 돈이 적게 드니까 항상 마음 한편에 쌓아둔 빚도 좀 줄었다. 엄마 아빠에게 진 빚 말이다. 서울에 있었다면 아마 더 쌓이기만 했지, 줄어들진 않았을 빚. 나는 이 빚 때문에라도 서울에서 더욱 가만히 있지를 못하고 안달 난 사람처럼 굴었다. 아무것도 안 하고 있으면 부모님의 소중한 돈을 내가 낭비하고 있는 것만 같은 죄책감이 들었기 때문이다. 심지어 아파서 끙끙거릴 때조차 '아프면 안 되는데, 할 일이 많은데' 하며 스스로를 타박할 정도였다.

서핑을 하면서 처음으로 엄마 아빠의 돈 없이 살았다. 무섭고 막막하긴 했지만, 그건 부모님 기대에 부응할 필요가 없다는 뜻이기도 했다. 엄마 아빠는 나를 사랑하지만, 투자에는 대가가 따르기 마련. 자랑스러운 자식으로 커나가길 바라는 기대, 그게 부모님의 지원에 내가 치러야 하는 대가다. 그리고 그 기대의 컨베이어벨트는 평생을 돌아가는데 진학, 취업, 다음엔 결혼 그리고 육아 등 단계별 공정이 정해져 있고 한 단계라도 빼먹으면 규격 불량이 돼버린다. 비록 엄마 아빠에게 손 벌리는 대신 은행에 빚을 졌지만, 처음으로 컨베이어벨트 밖의 삶을 볼 수 있었다.

하지만 이 모든 좋은 해석도 시간이 지나, 이제야 가능해진 일이다. 그때 이런 생각까지 계획에 넣어뒀냐 하면 그럴 리가. 긴 서핑 여행에서 돌아온 내 손에 남은 건 마이너스로 시작되는 잔고뿐이었고, 그건 과거의 내가 도장을 찍은 노예계약이었다. 지금처럼 돈을 벌 때는 한 달 고생하면 생기는 150만 원이, 돈을 벌지 못하던 그땐 가슴 위에서 잠든 고양이처럼 내내 묵직하게 나를 따라다녔다.

여행 이후 한참이나 나는 '빛나는 여행' 따위 절대 빛날

수가 없다며, 수도 없이 그 여행을 계획한 과거의 나를 탓했다. 꼬박 거의 1년을 빚을 갚으며 보냈다. 평소라면 절대 맡지 않았을 일을 시작해보고, 후회하고, 원래라면 절대 만나지 않았을 사람들과 부대끼고, 또 후회하고. 그 과정을 반복하면서 빚의 무게는 조금씩 줄어들었다.

사람이 참 간사해서 줄어든 빚의 무게만큼 행복할 수 있었다. 그저 눈이 떠지면 일어나고 눈이 감기면 잤던, 배가 고프면 먹고 배고프지 않으면 먹지 않았던 발리에서의 생활이 비로소 빛나게 아른거렸다. 그 모든 제약이 다 사라진 발리에서의 삶은 한국에서보다 건강했다며, 그리고 그런 삶을 빚을 내서라도 경험해본 건 참 잘한 일이라며 과거의 나를 칭찬하기에 이르렀다.

나는 아직도 서핑을 하기 위해 빚을 진다. 이제는 카드 할부다. 고통을 할부로 나눠서 행복을 일시불로 받을 수 있다면야, 얼마든지.

아무래도 여기가 아닌 것 같은데

발리에 처음 갔을 땐 '서핑을 할 거야'라는 생각뿐이었
다. 그 외에는 별다른 계획이 없었다. 보통 현지에 가서 즉
흥적으로 지내는 걸 즐기는 여행 스타일이라 이번에도 이
렇게 저렇게 잘 굴러갈 줄로만 알았다. 한국에서 예약을 해
둔 건 단 하나, 하루에 1만 원이 넘지 않는 숙소뿐이었다.

사실 이 숙소에는 슬픈 사연이 있다. 공항에서 누사두
아NusaDua 숙소까지는 45분이 걸린다. 발리를 잘 아는 사람
이라면 "왜 누사두아에 숙소를 구했어?"라고 물어볼지도
모르겠다. 그러게, 나도 그때로 돌아간다면 왜 그렇게 먼
곳에 숙소를 구했는지 스스로에게 묻고 싶다. 그도 그럴
게 누사두아는 발리에 와서 처음 서핑을 했던 짱구Canggu,

그다음에 서핑을 배운 꾸따kuta와 거의 한 시간 거리이기 때문이다. 결국 3주를 채우지 못하고 숙소를 옮겨야 했다.

'여기가 아닌가 보다' 싶은 일은 그 뒤로도 이어졌다. 막상 서핑을 배우려고 봤더니 한인 서핑스쿨이나 로컬 서핑스쿨은 다 가격이 세서 엄두가 나지 않았다. 200만 원 예산으로는 언감생심이었다. 그때 숙소 주인 딸이 내게 한 가지 제안을 했다.

"내 친구 중에 서핑 강사 있는데, 걔한테 싸게 배울래?"

안 그래도 여행지에서 만난 사람에게 받는 즉흥적인 제안에는 뭔가 거절하기 어려운 매력이 있는데, 한 푼이 아쉬운 나로서는 귀가 솔깃해지는 이야기였다. 그래, 한번 해보자 싶어서 연락을 했는데 그는 내게 다음 날 아침에 짱구에서 만나자고 했다. 웬 짱구? 지금이야 내 집 앞마당이면 좋겠다 싶을 정도로 익숙한 곳이지만 처음 들었을 때는 〈짱구는 못 말려〉의 그 짱구 이름을 딴 가게인 줄로만 알았다. 찾아보니 서핑으로 유명한 지명이었고, 그것도 숙소에서 한 시간 반이나 걸리는 곳이었다. 맙소사! 그래도 그때는 뭔가 잘못됐다는 생각은 1도 하지 못한 상태였다.

다음 날 숙소에서 스쿠터를 빌렸다. 스쿠터를 타자 그

때까지 보지 못했던 발리의 모습이 훤히 들어왔다. 짱구로 가는 길은 왜 이렇게 예쁘고, 구름 한 점 없는 하늘은 왜 이렇게 높은지 콧노래가 절로 나왔다. 특히 계단식 논 가운데로 난 돌길을 만났을 땐 절로 감탄이 나왔다. 평야로 유명한 나주에서 논길을 뛰어다니며 자란 터라 '논 뷰'에 설렌 적이 단 한 번도 없었는데, 전선줄 하나 없는 파란 하늘 아래 야자수와 어우러진 초록초록 논이 이렇게나 예쁠 수 있다는 걸 그때 처음 알았다. 얼마나 달렸을까. 저 멀리 길가에 '올드맨 스폿'이라고 적힌 간이푯말이 보였다. 약속 장소 도착. 그때까지만 해도 시작이 상큼하다고 생각했다. 정말이지 한 치 앞도 모르고 말이다. 생각해보니 포르투갈에서나 발리에서나 서핑에 대해 나는 정말이지 아무것도 몰랐다.

"아빠 까바르(안녕하세요)."

해변 입구에 있는 주차장에 스쿠터를 세우자 저 멀리서 까맣고 탄탄한 몸을 한 남자가 나를 향해 걸어왔다. 오늘 내게 서핑을 가르쳐줄 강사다. 이름은 마데. 그는 나를 위아래로 한번 쓱 훑으며 키를 물었다. 174센티라고 하자, 뭔가를 생각하는 듯하더니 내게 해변에 가 있으라며 손짓을 했다. 그러고는 건너편에 있는 판잣집으로 걸어갔다.

아마 보드를 빌리는 곳인 것 같았다. 나무 지붕과 벽 사이에 난 틈새로 하얀색과 노란색 그리고 파란색 보드의 끝이 보였다. 저 중 하나가 내가 탈 보드라고 생각하니 벌써부터 심장이 쿵쾅거렸다.

자꾸 나대는 심장을 부여잡고 해변으로 내려가니, 검은 모래해안이 펼쳐졌다. 그런데 어딜 둘러봐도 서핑을 배우는 사람이 보이지 않았다. 보통 서핑을 하는 바다라고 하면 해변에 사람들도 좀 여유롭게 앉아 있고, 왁자지껄하고, 활기차고 막 그래야 하는 거 아닌가? 왜 이리 한적하지? 정체 모를 불안감이 스멀스멀 올라오기 시작할 때쯤, 멀리서 나를 부르는 소리가 들렸다. 마데가 오른쪽 옆구리에 하얀 숏보드를 끼고, 머리 위에는 긴 파란색 보드를 이고 나를 향해 걸어오고 있었다.

누가 봐도 머리에 이고 오는 기다란 보드가 내 것이 분명했다. 보드 크기는 체중과 키에 비례한다는데, 나는 강사보다 10센티는 더 컸고 무게도 한 5킬로(으음, 솔직해지자), 10킬로는 더 나갈 것 같았기 때문이다. 참고로 말하지만 내가 뚱뚱한 게 아니다. 강사가 작고 마른 거다. 게다가 하얀 보드는 딴딴한 대리석같이 반질반질했는데, 파란 보드는 휴지처럼 폭신폭신한 엠보싱 소재였다. 나중에 알았지만 이 파란 보드의 정식명칭은 초보자들이 쓰는 '스펀지 보드'다. 아니나 다를까, 그는 내 앞에 파란 스펀지보드를 내려놓고는 바다 저 멀리를 가리켰다. 그의 손이 가리킨 저 먼 바다에는 작은 점이 여러 개 떠 있었다.

"저기 가서 탈 거야."

나는 멍하니 바다 저 멀리 떠 있는 점들을 쳐다봤다. 그 점들이 바로 서퍼였다. 당황한 나와 달리 마데는 대수롭지 않다는 듯, 파란 보드 위에 태평하게 엎드리며 말했다.

"저기가 타는 곳이야. 라인업. 걱정 마, 별로 안 멀어."

그러고는 대~충, 그야말로 대~충 기본자세를 알려주기 시작했다.

처음 서핑을 하면 크게 세 가지 기본자세를 배운다. 첫째, 보드 위에 길게 엎드려 두 발을 딱 붙인다. 둘째, 몸이 흔들리지 않게 수영하듯 두 팔을 힘차게 돌린다. 패들링이다. 마지막 세 번째는 어깨를 펴고 허리를 길게 뻗으며 보드에서 일어나는 동작이다. 첫째, 둘째 자세와 달리 마지막 자세는 순식간에 많은 동작이 이어진다. 플랭크 자세처럼 두 손 두 발로 몸을 들어 올리고, 런지를 할 때처럼 한 발을 앞으로 빼면서 일어나 앞을 보고 양팔을 쭉 뻗는다. 이 세 번째 동작이 테이크오프다.

그런데 마데는 이 세 가지를 뭉쳐서 얼렁뚱땅 스리슬쩍 휙 보여주고 끝내버렸다. 엎드렸다가 수영하는 자세를 취하더니, 일어나서 화살을 쏘는 것 같은 동작을 딱 한 번 하고는 따라 하라니. 심지어 그는 영어를 잘 못해서 중간중간 인도네시아어로 설명하는 통에 나는 그조차 띄엄띄엄 이해할 수밖에 없었다.

"이…… 이렇게?"

엉거주춤 보드 위에서 화살을 쏘는 듯한 자세를 따라 했다. 이건 마치 어릴 때 TV에서 본 파워레인저? 두어 번이나 자세를 취했을까. 마데는 너무 좋다며, 잘한다며 이제 자세는 됐고, 바다에 들어가는 법을 알려준다고 했다. 정말? 이거면 된 거야? 믿어야 할지 말아야 할지 내 안에서 100분 토론이 벌어지는 동안 그는 검은 모래 위에 뭔가를 그리기 시작했다. 바다 그림이었다. 그러더니 선을 그어 들어가야 하는 곳과 파도를 잡아야 하는 곳을 표시했다. 그러고는 나를 쳐다보며 해맑게 말했다.

"팔로 미!"

아니, 정말? 이대로 들어가도 돼? 난 아직 하나도 모르겠는데? 속으로 비명을 지르는 내 앞에서 마데는 자신의 하얀 보드를 들고 멋지게 바다를 향해 뛰어갔다. 어쩔 수 없이 그 뒤를 내 키보다 훨씬 큰 보드를 질질 끌고 따라갔다. 아아, 정말 폼 안 난다. 그래도 이때까지만 해도 일말의 장밋빛 기대가 있었다. 바다에 들어가 보드 위에 엎드리니 보드와 맞닿은 심장이 세차게 뛰는 게 느껴졌다.

하지만 바다에 들어간 지 30분이나 지났나, 나는 또다시 모든 게 잘못됐다는 걸 깨달았다. 뭔가 꼬인 것 같다는 의심스러움이 벼락처럼 확신이 되어 나를 강타했다. 작은 점처럼 보였던 서퍼들은 여전히 작은 점이었고, 나는 여전히 파도를 타는 곳으로 열나게 팔을 저으며 가는 중이다. 대체 어디까지 가야 하지? 앞장선 마데를 쳐다보니 그와 나의 거리는 점점 벌어져 이제 그는 작은 점들과 더 가까운 위치에 있다. 그는 가끔 멈춰서 손을 흔들었는데 간신히 힘을 쥐어짜서 가까이 가면, 술래잡기를 하듯 다시 엎드려 패들링을 하며 저 멀리 가버렸다. 그러길 서너 번, 지금 장난하나?

짱구가 해변에서 라인업이 멀기로 소문난 곳이라는 건 나중에야 알았다. 그곳은 한번 파도를 잡으면 길게 탈 수 있는 '롱 라이딩'의 성지였다. 바투볼롱Batubolong, 올드맨 서프 스폿Old Man Surf Spot 같은 서핑 포인트는 하나같이 오래 탈 수 있다는 장점과 더불어 타는 곳까지 나가려면 오래 걸린다는 단점이 있다. 그래서 서핑 좀 한다는 놈들이 가는 곳인데, 발리에 처음 온 내가 알 리 없기에 이 생고생을 하고 있는 거였다.

이게 바로 '시작이 반'이라는 건가. 바다의 반을 가야 서핑을 시작이라도 할 수 있으니 말이다. 마침내 작은 점들이 사람 형체로 보이는 라인업에 도착했을 때, 나는 이미 서핑을 천 번, 만 번은 한 것처럼 기진맥진한 상태였다. 팔은 너덜너덜했고, 힘이 빠져 보드에서 자꾸 미끄러졌다. 남의 속도 모르고 마데가 팔팔한 목소리로 말했다.

"It's Surfing time!"

저기요, 왜 너만 신난 거죠? 서핑이고 나발이고, 침대에 눕고 싶은 마음이 굴뚝같았다. 내가 미쳤지. 포르투갈에서 그 고생을 해놓고 왜 또 이러고 있나, 인간은 망각의 동물이라 실수를 반복한다는데 딱 그 짝이었다. 하지만 이대로 그냥 돌아갈 수는 없었다. 내가 여기까지 어떻게 왔는데!

그러나 언제나 그렇듯, 몸과 마음은 따로 논다. 욕심과 다르게 몸은 눅눅해진 쿠키처럼 보드 위에서 자꾸만 뭉그러졌다. 파도에 맞춰 마데가 밀어주면 더 빠르게 뭉그러져 바다 위를 나뒹굴었다. 바다에 나오기 전, 빌라 수영장에서 만났던 개미가 떠올랐다. 어떻게든 살아보려고 바둥 대던 발, 내 작은 손짓에 출렁이던 온몸. 내가 딱 그 꼴이 었다. 아니, 파도 위에서 나는 그 개미 한 마리만도 못 했 다. 꼬르르륵. 그렇게 서른 번 정도 파도를 타려고 기를 썼 던 것 같다. 어느 순간부터는 숫자 세는 걸 까먹을 정도로 정신이 혼미해졌다. 타면 탈수록 몸뿐 아니라 멘탈이 부 서지는 게, 이렇게 계속 타다가는 이대로 산산조각이 나 겠다 싶었다.

누가 감히 '인터넷 서핑'이라는 말을 했던가. 앉아서 손 가락만 까딱이는 행위에 서핑이라는 단어를 가져다 붙이 다니. 소금물에 쉴 새 없이 절여지면서 이제 앞으로는 두 번 다시 인터넷 서핑이라는 단어를 입에 올리지 않겠다고 이를 앙다물었다.

마데는 내가 바다에서 구르는 동안 얄밉게도 잘도 파도 를 탔다. 자기만 믿으라더니……. 그곳은 정말 믿을 놈 하 나 없는 망망대해였다.

"Are you okay?"

약속한 두 시간이 지나고 묻는 마데의 말에 나는 남은 힘을 간신히 짜내 소리쳤다.

"No……, I'm not okay……."

　마침내 뭍에 이르렀을 때, 나는 온몸에 힘이 빠져 축 늘
어졌다. 생기 없는 눈으로 마데에게 인사도 하는 둥 마는
둥 하고 스쿠터로 향했다. 팔에 힘이 얼마나 없는지 스쿠
터를 타려고 손잡이를 잡았는데, 그만 스쿠터와 함께 넘어
져버리고 말았다.

　그날 침대에 누워 나는 캔 안에 누운 고등어처럼 미동
도 없이 잠을 잤다. 욱신거리는 근육이 자는 중에도 끊임
없이 삐걱거리는 소리를 냈다. 누가 몸 위에 석고를 부은
듯 움직일 수가 없었다. 괜히 현지인한테 배운다고 했나.
후회가 어깻죽지에서부터 뜨끈하게 올라왔다.

일어서지 않으면
얼마나 깊은지 알 수 없다

"stand up!"

　바다에 나가면 곳곳에서 흔히 들을 수 있는 소리다. 혹여 바다로 굴러 떨어질까, 두 손 두 발을 보드에 딱 붙인 사람들이 표류하는 배처럼 떠 다니고 강사들은 눈에 불을 켜고 그 곁을 지킨다. 나는 가끔 파도를 타는 대신 그들을 가만히 바라보곤 한다. 납작 엎드려 있다가 어느 순간 두 발로 서는 사람들을 보고 있자면 가슴이 괜히 벅차오른다. 내가 바다에서 처음 제대로 섰을 때가 떠올라서 더 그렇다.

　마데의 얼렁뚱땅 강습 때문에 서핑을 체계적으로 배워야겠다는 생각이 더 강해졌다. 말도 잘 통하고, 기초부터 탄탄하게 가르쳐줄 선생님이 절실했다. 한국인이 운영하면서도 저렴한 서핑숍을 찾다가 꾸따 비치에 있는 '212서프'라는 곳을 알게 됐다. 한국인 아내 에스더와 현지인 남편 나낭이 운영하는 곳으로 이미 우리나라 사람들 사이에서 꽤 유명한 곳이었다. 이번에야말로 제대로 된 설명을 들을 수 있을 거라는 실낱같은 기대와 함께, 뭘 해도 짱구에서 배웠던 것보다는 나을 거라는 확신을 갖고 에스더에게 연락을 했다.

"ZARA 맞은편에 오시면 금발 머리인 저를 찾을 수 있을 거예요."

메시지를 봤을 때만 해도 '웬 금발?' 싶었는데 만나자마자 금발의 연유를 알아챌 수 있었다. 에스더의 금발은 얼마나 바다에 많이 들어갔는지를 보여주는 상징이었다. 발리의 소금물과 햇빛이 만들어낸 자연 탈색 금발. 와, 멋있다. 남의 머리 색깔이 이렇게 탐이 난 건 처음이었다.

"발리에 와서 서핑 해봤어요?"

처진 눈을 한 에스더가 서글서글한 표정으로 물었다.

"네……."

거의 울먹이며 전날의 악몽 같은 첫 서핑 경험을 털어놓자 에스더가 말했다.

"사실 서핑을 다들 1회 체험 정도로 하니까, 금방 다음 단계로 넘어가는 줄 알아요. 아마 그 친구는 포르투갈에서 서핑을 했었다고 하니까 잘 타는 줄 알고 거기 데려간 것 같은데……."

에스더가 내 표정을 살피더니 단도직입적으로 물었다.

"발리에는 얼마나 있을 거예요? 서핑 계속할 거죠?"

고개를 끄덕였다.

"그러면 기초부터 잘 다져야 해요. 머리로 아는 거 말고, 몸이 알아야 하니까. 그런 다음 나중에 짱구에 가서 같이 서핑 해요."

한눈에 봐도 꾸따 비치에는 나 같은 초보자가 많았다. 해변 가까이서 강사에게 일대일로 배우는 사람도 보이고, 혼자 파도 위에서 버둥거리며 연습하는 사람도 보였다. 아, 제대로 찾아왔구나. 내가 있을 곳은 여기로구나.

강습 시간이 되자 나낭이 기본자세를 보여줬다. 나낭도 한국말을 꽤 잘했다. 자꾸만 반 토막이 나는 한국말이 괜히 친근하게 느껴졌다.

"너무 앞에 누우면 안 돼. 앞에 누우면 박혀. 뒤에. 뒤에 가 좋아요."

나낭의 설명이 부족한 것 같으면 에스더가 옆에서 말을

보탰다. 궁금하면 언제든 물어보라는 말이 그렇게 신빙성 있게 들린 건 발리에 와서 처음이었다. 그 순간 반짝이는 금빛 머리를 봤을 때보다 더 초롱초롱한 눈으로 에스더를 바라보게 됐다. 그때 정했다. 이곳을 내 서핑 포인트로 삼자고.

"오늘은 거품에서 일어나는 연습을 할 거예요. 일어나는 것부터 하고, 나중에 패들링 연습하고, 그게 다 되면 중급 강습으로 라인업에 나가서 안 깨지는 파도 타는 걸 배울 거예요."

에스더의 말이 끝나자 나를 담당한다는 강사가 인사를 했다. 그의 이름은 아바위. 응? 아바이 순대가 자꾸만 떠오르는 이름이었다. 짱구에서 호되게 당했기에 그에게 얼마나 바다에 들어가야 하느냐고 묻자 해변 코앞에서 연습하는 사람들을 가리켰다. 역시. 잘 찾아온 게 맞았다. 두 번 죽으라는 법은 없나 보다.

강습은 생각보다 단순했다. 강사들이 파도에 맞춰 보드를 밀어주면, 그 위에서 방금 배운 자세로 일어나면 된다. 강사가 타이밍에 맞춰 밀어주기에 일어서는 것 자체는 어렵지 않았다. 문제는 그 후다. 일어서면 보드와 함께 온몸이 좌우로 앞뒤로 지진 난 것처럼 미친 듯 흔들렸다. 어찌어찌 일어나긴 했지만 서 있는 시간이 너무 짧았다. 주유소 앞에 있는 바람 인형처럼 두 팔을 휘적거리다가 바다로 떨어지기를 반복했다. 아무래도 소질이 없나 싶을 때쯤 아바위가 나를 불렀다.

"무릎을 굽혀. 몸을 낮게, 낮게."

일단 서는 데 급급해서 내 몸이 어떤 자세를 취하는지 살필 여유가 전혀 없었는데, 이해가 됐다. 무게중심이 너무 위에 있어 흔들릴 수밖에 없었던 거구나.

"하나 둘 셋, 일어나!"

아바위의 구령에 맞춰 나는 갓난아기가 걸음마를 하듯, 천천히 두 발로 일어났다. 그리고 살짝 무릎을 굽혔다. 신기하게도 보드가 얼음 위를 미끄러지듯 부드럽게 스윽 앞으로 가기 시작했다. 마치 그러는 게 자연스럽다는 듯 막힘없이 해변을 향해 돌진하는 보드 위에 나는 그저 서 있기만 하면 됐다. 마침내 해변에 닿아 보드가 멈췄을 때, 나는 뒤를 돌아보며 번쩍 두 손을 들어 올렸다. 멀리서 아바위도 엄지손가락을 치켜세웠다. 가슴이 벅찼다.

그날 숙소로 돌아와 그 순간을 이렇게 적었다.

'일어서는 것만으로 충분히 잘했다.'

바다에 들어가기 전에 사람들은 한결같이 묻는다.

"근데 물에 빠지면 어떻게 해요?"

절박한 표정으로 묻는데 사실 답은 생각보다 간단하다.

"일어서보세요."

보드에 붙어 있을 때든 보드에서 굴러 떨어졌을 때든, 일단 일어서는 게 중요하다. 일어서지 않으면 아무 일도 일어나지 않는다. 서핑을 탈 수도, 바다에서 살아남을 수도 없다. 마데가 이른바 '야매 강사'라 그렇지, 서핑 초짜를 무턱대고 깊은 바다로 끌고 가는 강사는 없다. 그리고 학생에게서 눈을 떼지 않고 지켜본다. 그러니 우선은 온몸이 바다로 풍덩 떨어지더라도 두 발로 서고 볼 일이다.

하지만 물을 무서워하는 사람에게는 이 단순한 대답이 잘 먹히지 않는다. 심지어 물을 참 좋아하는 나도 종아리 높이밖에 안 되는 물속에서 허우적댄 적이 있으니까. 분명 보드에서 떨어질 땐 천길만길 낭떠러지였는데, 버둥거리다가 엉덩이가 바닥에 닿았을 때의 민망함이란. 그때 알았다. 그 낭떠러지는 내가 마음속에서 만들어낸 높이라는 걸. 보드 아래 바다가 허리 높이든 발목 높이든 절벽 아래로 떨어지는 것처럼 느껴질 수도 있다는 걸.

깊이를 알 수 없는 곳에 던져지면 우선 내 한 몸으로 빠진 곳의 깊이를 온전히 가늠해봐야 한다. 일어서야 한다. 누워 있으면 고작 30센티 깊이도 심해처럼 느껴질 수 있다.

오늘도 바다에 처음 나가는 사람들의 등 뒤로 무언의 응원을 보낸다. 아무리 무섭더라도 우리, 일어서기를 포기하지 말자고. 그리고 방금까지 물이 무섭다고, 한 번도 서핑 안 해봤다고, 그냥 떠 있기도 힘든데 어떻게 일어서느냐고 말하던 사람이 마침내 일어섰을 때, 찌르르 온몸에 전기가 돈다. 그 수많은 의문, 두려움, 회의를 품은 사람이 한참을 네 발로 기다가 마침내 두발로 설 때, 보드 위에서 손을 쭉 펴고 앞을 뚫어져라 바라볼 때, 잔뜩 겁에 질렸던 얼굴이 성취감으로 활짝 펴질 때, 속으로 같이 쾌재를 부른다. 그래, 그거지.

처음 보드에서 일어난 사람들은 해변까지 길게 미끄러져와 마침내 땅에 발을 디디고 너 나 할 것 없이 환호하며 하늘을 향해 손을 번쩍 들어 올린다. 마치 처음 걸음마에 성공한 아기처럼. 지켜보던 사람까지 흐뭇해지는 마법의 동작이다.

바닥에서 발견한 진짜 마음

"인턴 할 생각 있어요? 지원하면 플러스 점수 줄게요."

인턴 제안을 열 번쯤 받았을 때, 이제 인턴 자리는 사양이라고 만천하에 공표했다(물론 내 SNS 계정에 격한 감정을 토로한 것에 불과하긴 합니다만). 인턴을 하는 건 그다음으로 가기 위해서지, 인턴으로 계속 머물고 싶어서가 아닌데 왜 자꾸 다른 인턴 자리를, 그것도 선심 쓰듯이 제안하는지 이해할 수가 없었다. 안 그래도 제자리만 맴맴 도는 것 같아 프리랜서도 그만둔 터였는데, 대체 나한테 왜들 그러시는지. 그러면서도 괜한 소리를 해서 혹여나 기회를 걷어차는 건 아닐까 싶어 마음 한편으로는 조마조마했다. 아직 출발선에도 제대로 못 섰는데 올라가기는커녕 더 깊은 바닥에 처박힐 것 같아서 두렵기도 했다.

미루고 미루다가 학교를 졸업한 후, 이제 나를 설명할 단어는 오로지 '취준생'밖에 안 남은 상태였다. 그 기간이 길어질수록 어쩔 수 없이 초조해졌는데 그런 내게 기회랍 시고 인턴을 제안하는 사람들 때문에 내 상태는 더욱더 바닥으로 치달았다. 썩은 동아줄이라는 걸 뻔히 알면서도 잡아야 하나, 막막하기만 하던 어느 날 친구가 말했다.

"지금이 바닥이면 딛고 올라가면 되지."

위로하려고 한 말인 건 알지만, 전혀 위로가 되지 않았다. 오히려 기분만 착 가라앉았다.

"그런가……."

뒷말을 흐리며 나는 친구 얼굴 너머의 벽을 쳐다봤다. 딛고 올라갈 수 있는 바닥이면 바닥도 아니겠지. 최선이라고 여겼던 선택은 돌아보면 어째 죄다 나쁜 선택이었던 것만 같고, 시간이 해결해준다거나 견디면 낙이 온다는 말에는 도통 현실감이 없었다. 이대로 계속 바닥일 거라면 차라리 발 디딜 수 있는, 느낄 수 있는, 끝을 알 수 있는 바닥에 처박히고 싶었다. 그리고 나는 바람이라고 하기도 뭣한 그 바람을 발리 바다에서 이뤘다.

사실 서핑만큼 바닥이 중요한 운동도 없다. 일렁이는 바다 아래에 부드러운 모래가 있는지, 둥근 돌이 가득한지, 아니면 이끼 낀 돌 사이로 성게가 도사리고 있는지를 알아야 피를 보지 않을 수 있다. 때로는 알고도 피를 보기도 하지만, 바닥을 알면 어떤 준비를 할지 절반 정도는 정할 수 있다. 멋을 포기하고 슈트를 입어야 하는지, 수영복 위에 뭘 더 입어야 하는지, 슈즈는 신어야 하는지……. 파도에 말렸을 때도 마찬가지. 마음 놓고 돌돌돌 말려도 되는지, 아니면 온몸을 쫙 펴서 되도록 덜 가라앉도록 온 힘을 다해야 하는지 바닥에 따라 많은 것이 바뀐다. 여기서 잘못 결정하면 뾰족한 돌에 허리를 콕 찔릴 수도 있고, 성게와 발로 악수를 할 수도 있다.

서핑을 하면서 처음 바다 바닥과 마주했을 때, 사실 내가 본 것은 나의 바닥이었다. 차라리 바닥에 처박히고 싶다면서도 막상 내 밑의 바닥을 마주하니 어떻게든 바닥에 닿지 않으려고 안간힘을 쓰는 내가 보였다. 몸을 불가사리처럼 쭉 펴기도 하고, 허리를 트위스트 해보기도 하고, 어떻게든 바닥에 닿지 않으려고 부단히 애를 썼다. 물론 큰 파도가 밀려오면 어김없이 바닥에 처박히긴 했지만, 곧 숨이 넘어갈 것 같은 바닥에서 살고 싶다고 몸부림을 치는 나를 발견한 건 의외의 수확이었다. 다 포기한 줄로만 알았는데, 될 대로 돼라 다 놓은 줄 알았는데 그게 아니었다. 그렇게 바다에서 나는 진짜 내 바닥을 보았다.

　서핑 초기에는 역시 안전한 게 최고였다. 마음껏 뒹굴어도 되는 모래 바닥을 확인하면 마음이 놓였다. 바닥에 부딪혀도 다치지 않을 거라는 걸 알고 나니 보드 위에서 겁이 조금 줄었다. 방향을 좀 틀어볼까, 보드 앞쪽으로 가서 기술을 좀 시도해볼까, 보드 위에서 좀 걸어볼까 이런저런 궁리를 하고 시도해볼 수 있었다. 실패해도 크게 타격을 입지 않는다는 사실은 사람을 도전적으로 만든다. 뒷걸음질 쳐서 바다에 빠져도 된다는 생각이 드니까 오히려 훨씬 크게 앞으로 나아갈 수 있었다.

　모래 바닥에 어느 정도 익숙해진 다음에는 돌바닥으로 진출했다. 돌바닥에서는 모래 바닥과는 차원이 다른 성장을 이뤄낼 수 있다. 돌바닥 바다의 파도는 거칠고 높다. 대신 바다 아래 돌 위치가 고정돼 있기 때문에 항상 정해진 포인트에서 파도가 일어나고, 비슷한 때 깨진다. 포인트와 타이밍을 파악했다면 이제 내 안의 두려움을 이겨내기만 하면 된다. 돌바닥에서는 한번 잡아타면 파도가 모래 바닥에서보다 훨씬 더 길게 이어진다. 그만큼 더 오래 짜릿한 순간을 누릴 수 있다. 동나지 않는 파도를 타려면 돌바닥에 부딪히는 위험을 감내하면 된다.

바다 위를 몰아치는 파도와 그 파도의 가능성, 그 위에 떠 있는 내 모습까지도 달라지게 만드는 바닥에 대해 알면 알수록 나 자신의 바닥을 더 깊숙이 들여다볼 수 있었다. 내가 무엇을 힘들어하고, 무엇을 견딜 만하다고 생각하는지, 다시 한번 성장하기 위해서는 무엇이 필요한지 내 속을 더듬더듬 짚어나갔다.

잘해야 한다는 강박관념, 남들보다 앞서야 한다는 경쟁심으로 가득했는데 현실은 기약 없는 취준생 신세라는 게 너무 부끄러웠다. 이제는 결정을 해야 했다. 공허함과 자괴감을 발목에 단 채 바닥에서 떠오르기 위해 발버둥 치는 사람이 될지, 아니면 모두 다 던져버리고 새로운 바닥을 다질지. 그리고 나는 후자를 선택했다.

20년 넘게 쌓인 바닥을 새로 다진다는 게 쉬운 일은 아니지만, 버릴 건 버리고 살릴 건 살리면서 지금 나는 매일 바닥을 새로 다지고 있다. 남과 비교하는 마음, 세상 사람들이 매기는 등수 같은 바깥의 기준 말고, 나만의 룰을 세워가면서 말이다. 나는 여전히 바닥을 더듬는 중이다.

길을 잃을 때마다

"오늘은 혼자 타."

서퍼들 사이에는 소금물을 많이 먹을수록 파도를 잘 타게 된다는 말이 있다. 이제 나도 짠맛 가득한 바닷물을 먹을 만큼 먹은 걸까. 화이트웨이브(거품 파도)에서는 백전백승, 자연스럽게 보드에서 몸을 일으킬 수 있게 된 때였다. 보드 위에서 떨어지면 내가 무엇 때문에 떨어졌는지 되짚어볼 만큼의 여유도 생겼다. 덕분에 갈수록 테이크오프가 자연스러워졌고 어느새 익숙해졌다. 몸에 익는다는 게 어떤 건지 확실히 와 닿는 느낌.

처음에 서핑을 배우면 강사가 밀어주는 보드 위에서 일어서는 법을 배우고, 그다음에는 강사가 지켜보는 가운데

거품 파도에서 일어나는 법을 배운다. 거기서 테이크오프를 웬만큼 할 수 있게 되고, 파도에 보드가 밀리는 느낌을 알아차리면 그다음 단계로 넘어간다. 바로 거품 파도에서 혼자 타는 단계. 다음 단계로 넘어갔다는 기쁨에 방방거리며 보드와 리쉬를 챙겨 바다에 들어가는데 에스더의 목소리가 뒤통수를 때렸다.

"오늘 조류 세! 여기 까만 깃발 보이지? 어디 있는지 모르겠으면 그걸 찾아."

고개를 돌리자 에스더가 서핑스쿨이 있는 해변 한가운데 꽂힌 장대 끝을 가리키고 있었다. 에스더의 손끝을 따라가니 주변 나무보다 더 큰 장대 위에 입을 벌린 해골이 그려진 까만 깃발이 펄럭이고 있었다. 나도 에스더도 언젠가부터 서로 말을 놓기 시작했다. 한국에서는 둘째가라면 서러운 '유교걸'이지만, 여긴 뭐 발리니까. 발리에선 발리 법을 따라야지. 그러겠다고 대충 대답을 하긴 했지만 속으로는 '조류가 세봤자지, 내 몸무게가 얼만데. 어차피 코앞에서 탈 건데, 뭐'라고 생각했다. (원래 무식하면 용감한 법이다.)

바닷물이 무릎에서 찰랑거리자 설레기 시작했다. 전날엔 거품 파도를 타기에도 버거울 만큼 큰 파도가 들어왔는데 오늘은 온순하게 부서지는 파도 앞에서 괜히 콧노래가 나온다. 파도 속으로 들어가 해변 쪽을 바라보고는 보드 위에 엎드렸다. 다행히 첫 테이크오프가 부드럽게 이뤄졌다. 1번 시험문제부터 단박에 풀어버린 기분이랄까. 다음 파도를 보고 또 테이크오프를 시도했는데 이번에도 단단한 바닥에서 서는 듯 균형이 잘 잡혔다. 연달아 테이크오프에 성공하자 자신감이 붙었다. 야구에서는 공이 투수가 원하는 대로 포수 글러브에 들어가면 '잘 긁힌다'라고 표현하던데, 들어오는 파도마다 보드가 탁 하고 잘 긁히는 느낌이었다.

콧노래를 흥얼거리며 더 강한 힘을 받을 수 있는 위치로 향해갔다. 오늘은 바다가 나를 잘 밀어주기로 작정한 것만 같았다. 한참 패들링을 하자 사람들이 모여 있는 곳이 보였다. 하나같이 수평선 끝을 바라보고 있다가 동시에 보드를 돌려 패들링 하는 사람들. 원래 저렇게 해변을 등지고 보드 위에 앉아서 파도를 바라보다가, 이거다 싶으면 착 돌아서서 파도 탈 준비를 해야 하는데, 아직 보드 다루는 게 서툰 나는 그렇게 '착 하면 착' 되지 않았다. 차아아아아아악 정도? 그러다 보니 파도를 보기만 하고 타지는 못할 때가 많았다.

지금 실력으로는 무리겠다 싶어서 아예 엎드려서 해변
쪽을 향해 있다가 파도가 오면 테이크오프를 해야겠다고
마음먹었다. 그렇게 누워서 뒤를 확인하기를 수십 차례, 분
명 아까까지만 해도 파도가 쏟아져 들어왔는데 이상하게
도 타려고 보면 온데간데없이 사라져버렸다. 그렇게 30분
쯤 뒤를 돌아보고 있었을까. 영영 파도가 안 들어올 것 같
은 느낌에 스르륵 긴장이 풀렸다. 둥둥 뜬 보드 위에 유유
자적 누워 있는 것도 그다지 나쁘진 않았다. 그런데 바다
란 역시 방심할 수 없는 곳. 마음 놓고 있는데 뒤쪽에서 불
길한 기운이 스멀스멀 몰려왔다. 내 키만큼 쌓인 거품 파
도가 나를 향해 달려오고 있었다. 빠바바밤, 빠바바밤. 나
는 내 운명을 직감했다. 파도가 지나간 후, 나도 보드도 하
얀 배를 보이며 물 위로 떠오를 그런 운명. 마침내 파도가
내 보드의 꼬리를 물었을 때, 나는 덜덜덜 떠는 보드 위에
서 이리저리 흔들리다가 보드와 함께 뒤집어졌다. 파도에
호되게 당하는 게 무서운 건 나도 보드도 마찬가지라는 생
각에 웃음이 났다. 덜덜 떨면서도 파도 속으로 계속 들어
가는 겁쟁이 한 쌍이라니.

그렇게 얼마나 탔을까. 배가 고파 나가려고 하는데, 눈

앞에 펼쳐진 해변이 뭔가 낯설었다. 여기가 어디지? 모르는 곳까지 떠밀려왔나 싶어서 덜컥 두려운 마음이 들었다. 심호흡을 한 다음 기억을 더듬었다. 서핑스쿨의 모습이 어땠더라. 앞에는 분명 노란 파라솔이 꽂혀 있었고, 빨간 아이스박스와 파란 플라스틱 의자를 둔 노점상이 있었다. 일단 그것부터 찾자 싶어서 주변을 두리번거렸는데, 세상에…… 해변엔 온통 노란 파라솔과 빨간 아이스박스 천지였다. 심지어 걸어 다니며 아이스크림을 파는 상인마저 어깨에 빨간 아이스박스를 둘러매고 있었다.

그때 깃발을 찾으라는 에스더의 말이 떠올랐다. 시선을 높여 나무 위를 쳐다보자, 그제야 형형색색의 여러 깃발이 눈에 들어왔다. 거기서 거기인 것 같은 해변에서 깃발은 정확한 표지가 돼주었다. 100미터 정도 떨어진 곳에 해골이 그려진 까만 깃발이 펄럭이고 있었다. 언제 100미터나 떠밀려 왔을까. 가만히 보드를 내려다봤다. 해변으로 나가서 보드를 들고 저기까지 가기는 무리였다. 그렇다고 패들링 해서 조류를 거슬러 가는 건 더 무리였다. 결국 나는 보드를 머리에 이고 가기로 결정했다. 그렇게 낑낑대며 한 60미터쯤 갔을까. 멀리서 내 모습을 봤는지 저만치서 에스더가 걸어오고 있었다.

"어디까지 간 거야? 한참 찾았어."

"저기 비치워크 쇼핑몰 지나서……."

머리에 이고 있던 보드를 내려 내게 뒤쪽을 잡으라고 손짓하면서 에스더는 앞쪽을 들었다. 드넓은 바다 위에서 나를 찾으려 더듬거렸을 에스더의 눈길을 생각하니 울컥 뜨거운 마음이 올라왔다. 처음에 깃발을 찾으라는 말을 듣고 품었던 건방진 마음을 들킨 것도 같아 보드를 이고 있던 정수리가 화끈거렸다.

서핑스쿨에 다 와서 보드를 내려놓고 철퍼덕 누웠다. 온몸이 녹아내리는 것만 같았다. 나뭇잎 사이로 까만 해골 깃발이 펄럭였다. 저 깃발이 있는 여기가 내가 돌아올 곳이다. 저 깃발 아래 나를 기다리는 사람들이 있다. 깃발의 존재를 알고 난 후부터 나는 더 이상 바다에서 길을 잃지 않는다. 어디서나 훤히 보이는 깃발이 펄럭이고 있다는 생각을 하면 두려움도 사라졌다. 언제고 길을 잃은 것 같으면 그곳으로 돌아가면 되니까.

내 삶에도 저런 깃발 하나 있으면 얼마나 좋을까. 취업을 준비할 때는 두말할 것 없이 회사가 그 깃발처럼 생각됐다. 시사상식을 외우고, 논술 작문을 하고, 책을 읽고, 영어 공부를 하면서 나를 받아만 준다면 어느 회사든 '내가 응당 돌아가야 할 곳'으로 정할 준비가 돼 있었다. 하지만 나를 제대로 받아주는 회사를 찾기란 쉬운 일이 아니었다. 그럴 때마다 나는 검은 깃발이 펄럭이는 발리의 바다로 돌아왔다. 길을 잃을 때마다 이 깃발을 찾아온 셈이다. 어디가 어딘지 분간할 수 없는 바다에서 막막할 때든, 서울에서 마음 둘 곳을 몰라 헤맬 때든.

취업을 하고 난 지금도 나는 여전히 발리의 검은 깃발을 찾아간다. 막상 회사에 들어가 보니, 그곳 역시 깃발은 될 수가 없었다. 회사에서 일을 하면서도 나는 시시때때로 길을 잃었고, 지금 이대로 괜찮은지 가끔씩 마음의 안부를 물어야 했다.

지금 내가 잘 살고 있는지 의심이 들 때마다, 무기력하고 지칠 때마다 검은 깃발을 떠올린다. 그럴 때 고개를 들면 꼭 거기에 발리 해변 위에 펄럭이는 검은 깃발이 있다.

그린웨이브,
물 위를 걷는 느낌

야구에는 '콜업'이라는 게 있다. 2군에서 본무대인 1군으로 올라오라는 사인이다. 콜업을 받아 무대에 오르면 그게 프로선수로서의 데뷔다.

"내일 라인업 가자."

서핑에서는 이 말이 바로 콜업이다. 깨지지 않은 파도, 그린웨이브에 올라탈 수 있는 라인업에 가자는 건 이제 본격적인 서핑을 할 때라는 뜻이다. 거품 파도, 그러니까 화이트웨이브에서 타는 건 진짜 서핑을 위한 연습이다. 파도 보기 연습, 균형 잡기 연습, 패들링 연습 등등 본격적인 서핑에 앞서 필요한 것을 학습하는 과정이다.

화이트웨이브에서 손바닥이 다 까질 때까지 연습한 결

과 곧잘 보드 위에 서게 됐을 때, 나는 천천히 왼쪽 오른쪽으로 방향을 틀어보기도 하고, 이 파도 저 파도 가리지 않고 보드를 들이밀어보기도 하면서 고대했다. 이제나 저제나 나를 무대 위로 불러 올려줄까 하고. 그런데 레벨업을 할 때가 왔다고 알리는 에스더의 그 말을 듣는 순간 가슴이 쿵하고 내려앉았다. 올 것이 왔구나 하는 기쁨과 함께 긴장감이 엄습했다. 진짜 서핑은 이제부터 시작이다.

"이른 아침이 사람도 없고 파도가 좋으니까, 7시까지 나와."
바다마다 조류에 영향을 받는 정도가 다 다른데, 꾸따 바다는 우리나라 서해처럼 조석간만의 차가 커서 조류에 따라 바다 상태가 많이 달라진다. 보통 간조에서 만조로 넘어가는 중간쯤이 파도를 타기에 가장 좋은 높이인데, 나의 첫 라인업 강습이 있는 날은 물이 오전 6시부터 들어오기 시작한다고 했다.
고백하건대, 나는 잠이 좀 많은 편이다(그 좋아하는 잠을 도통 잘 수가 없었으니 취준생활이 고달팠을 수밖에). 또 술도 좋아해서 여행하면서 새벽에 일어난 적이 별로 없다. 기차나 비행기 같은 교통편 때문이 아니라면 늘어지게 늦잠을 자고 여유롭게 하루를 시작하는 걸 좋아한다. 만

약 발리에 오자마자 에스더가 다음 날 아침 7시에 만나자
는 말을 했더라면, 나는 알았다고 고개를 끄덕여놓고도 못
나갔을지도 모른다. 하지만 매일같이 바다에 나간 지 일주
일쯤 되니, 나도 모르게 서퍼들의 사이클에 익숙해진 상태
였다. 종일 서핑을 하고 숙소에 들어오면 가끔 저녁 먹는
것도 잊고 잠들어버렸다. 그리고 푸르스름한 새벽녘, 작은
새소리에 눈을 떴다. 그런 내게 아침 7시는 더 이상 이른
시간이 아니었다.

　해보다 빠른 속도로 불을 끄고 침대에 들어가 잠든 다
음 날, 알람을 맞춰놓지도 않았는데 새벽 6시에 용수철처
럼 눈이 탄력 있게 떠졌다. 그리고 주앙 지우베르투의 〈'S
Wonderful〉을 틀었다. 고요한 발리의 새벽 공기 속으로
부드럽고 경쾌한 기타 소리가 울려 퍼졌다. 노래를 들으며
스트레칭을 한 다음 래시가드를 챙겨 입고 숙소를 나섰다.
항상 오토바이로 가득 차 있던 도로도 한적했고, 길가의
상점은 이제야 하나둘 문을 열 준비를 하고 있었다. 이 평
화로운 발리 아침의 풍경처럼 오늘의 라인업이 평화롭기
를 기도했다.

　해변에 도착하자 에스더와 나낭이 나를 기다리고 있었

다. 그 뒤로 한껏 물이 들어온 바다가 눈에 들어왔다. 항상 간조 무렵에 연습을 해서 모래 바닥이 훤히 비치던 바다였는데, 들어가자마자 발이 안 닿을 것처럼 물이 출렁거렸다. 그런 내게 에스더가 보드를 건네며 말했다.

"기초 강습은 보통 거품 파도가 많은 간조에 하잖아. 물이 얕으니까 강사들이 몸만 들어가서 보드를 밀어주는데, 라인업 강습은 그린웨이브를 타야 하니까 만조에 하거든. 그래서 강사들도 자기 보드를 들고 들어가."

정말 나낭은 자기 보드를 옆구리에 끼고 있었다. 지금까지는 강사들이 갓난애가 걸음마하는 걸 지켜보는 보호자처럼 내 보드를 붙잡고 서 있었는데 이번에는 각자의 보드를 타고 간다고 하니 기분이 묘했다. 이제 바다에서도 독립하는 건가.

준비됐냐는 나낭의 말에 괜스레 발목에 찬 리쉬를 풀었다가 다시 꽉 감았다. 나낭을 따라 바닷속으로 뛰어들며 생각했다. 이불 밖은 위험하다는 말을 신봉하는 내가 이 시간에 자진해서 바닷물에 들어가다니, 뭐에 홀려도 단단히 홀린 모양이라고. 이른 아침의 멍한 느낌도 잠시, 바다에 보드를 던지고 엎드리자마자 래시가드 사이로 들어오는 바닷물에 정신이 번쩍 들었다. 볼 살이 미세하게 떨렸다. 괜찮아, 괜찮아. 어차피 패들링 하다 보면 금방 사라질 추위다.

"여기, 여기."

딴생각을 하는 사이 벌써 나낭은 라인업 가까이에 도달해 있었다. 아무리 빨리 팔을 움직여도 나낭에 비하면 나는 바다 위 나무늘보였다. 그는 큰 파도가 연거푸 몰아치고 나서는 바다가 잠시 잔잔하다며 그 틈을 타서 라인업에 들어가자고 했는데, 내가 너무 느려서인지 벌써 그 틈이 닫혀버리고 말았다. 나낭은 이미 저 멀리에 떠 있었다.

열심히 뛰어갔는데 타기 직전에 코앞에서 닫혀버린 지하철 문을 바라보는 기분으로 나낭과 저 멀리서 들어오는 큰 파도를 번갈아 바라봤다. 하지만 각자의 보드를 들고 온 이상, 그는 나를 도와줄 수 없다. 큰 파도 앞에서는 오히려 붙어 있으면 더 위험하다. 아아, 어쩌란 말인가. 꼭 파도와 술래잡기를 하는 기분이었다. 파도는 매우 날래고 힘센 술래, 나는 무능하기 그지없는 게임 참가자. 자연 앞에서 인간은 이렇게나 보잘것없다.

보드를 버리고 바닷속으로 들어갈지, 아니면 보드 위에서 장렬하게 끝을 맞이할지 결정하지 못하고 잠시 주춤하는 사이 이미 때는 늦어버렸다. 들어간 것도 나온 것도 아넌 애매한 상황에서 파도에 잡혀버리고 말았다. 이건 파(도)국이다. 꼼짝없이 파도에 뒷덜미를 잡혀 세 번 정도 뒹굴었는데, 고민하느라 시간만 보낸 스스로를 탓할 겨를도 없이 그다음 파도가 내 위를 덮쳤다.

이게 말로만 듣던 바로 그 런드리로구나. 내가 통 속의 빨래가 돼버렸구나. 그것도 세탁 시간을 두 배로 추가한 강력 모드다. 이러다간 라인업보다 저승에 먼저 가지 않을까 싶을 무렵에서야 고개를 바다 밖으로 내밀 수 있었다. 귀에 물이 차 아무 소리도 들리지 않는다. 저쪽에 바다 위에서 한바탕 뒹굴었을 보드가 하얗게 배를 드러내고 뒤집혀 있다. 리쉬를 잡아당기자 보드가 내 쪽으로 쭉 미끄러져왔다. 나낭은 이제 나를 부르다 지쳤는지 멀리서 손만 흔들었다. 이제는 정말로 라인업에 나가야 한다.

나를 휘감았던 파도 세트가 지나가고 바다는 잠시 숨을 고르고 있다. 보드 위에 올라 정말 죽기 살기로 팔을 저었다. 이렇게 패들링을 해서 파도 뒤로 넘어가는 걸 패들아웃이라고 한다. 지금도 파도를 잡아 테이크오프를 할 때보다 패들아웃을 할 때 훨씬 더 정신이 또렷하고 몸도 잘 움직이는데, 그건 패들아웃을 잘 못하면 어떤 물고문이 기다리고 있는지를 이때 단단히 경험했기 때문이다.

마침내 내 보드가 나낭의 보드 옆에 나란히 섰다. 나낭은 내게 쉴 틈도 주지 않고 수평선을 가리켰다. 처음에는 멋진 풍경을 보라는 줄 알았는데 그게 아니라 들어오는 파도를 보라는 뜻이었다. 마침 파도 하나가 들어온다.

"탈까?"라고 묻는데 나낭은 나를 쳐다보지도, 보드를 돌리지도 않고 계속 파도를 보며 말했다.

"보는 거 연습해야 해. 좋은 파도."

그 말 그대로 파도를 잘 타려면 좋은 몸 상태와 기술만큼이나 '파도를 보는 눈'이 중요하다. 지금 오는 파도가 타기 좋게 깨질지, 어디쯤에서 깨질지, 또 어느 쪽으로 째야 하는지를 알아야 하기 때문이다. 서퍼는 마치 메스를 든 외과의사처럼 파도가 부서지는 모습을 예측해서 파도의 면을 오른쪽으로 가를지, 왼쪽으로 가를지 결정한다. 그리고 그 결정이 보드 위의 자세를 좌우한다.

그렇기에 라인업 강습은 그린웨이브를 탄다는 것 이상의 의미를 가지고 있다. 파도를 보고 바다를 이해하는 첫걸음인 것이다. 그렇지만 몇 번 라인업 강습을 했다고 당장 파도 보는 눈이 생기고 파도를 잘 타게 되는 건 아니다. 그저 길이 있는 지도를 받아드는 것과 같다. 지도를 보는 눈이 생길 때까지는 몇 번이고 헛걸음을 하거나 엉뚱한 곳에서 생고생을 할 수밖에 없다.

바다를 유심히 바라보고 있는데 나낭이 "준비, 준비!" 소리와 함께 다음 파도를 가리키며 내게 보드를 돌리라고 손짓했다. 기초 강습에서는 보드까지 돌려주지만, 라인업에 섰다면 이제 뭐든 내가 해야 한다. 보드를 돌려 자못 비장한 마음으로 엎드려서 뒤를 돌아보자 서서히 몸집을 불리는 파도가 눈에 들어왔다.

나와 파도와의 거리가 점점 좁혀지다가 3미터쯤 남았을 때 "패들! 패들!"이라는 나낭의 외침에 이를 앙다문 채 패들링을 시작했다. 파도가 서서히 보드의 꼬리 끝을 들어 올리기 시작했다. 지금부터가 아주 중요하다. 자세가 안 좋거나 패들링이 부족하거나 타이밍이 안 맞거나, 뭐든 하나라도 부족하면 파도를 놓치고 만다. 괜히 발끝에 힘이 더 들어갔다. 보통 라인업 강습에서는 강사가 옆에서 함께 패들링을 하다가 부족한 만큼 학생의 보드를 뒤에서 살짝 밀어주는데, 나낭이 내 보드를 밀자 보드가 가속하면서 앞으로 쑥 내려가기 시작했다. 어, 어어……. 처음 느끼는 매끄러움에 어리벙벙했다. 일어나긴 일어나야 할 텐데, 대체 언제? 그때 뒤에서 나낭의 목소리가 귀청을 때렸다.

"업!!!!"

그 소리에 에라 모르겠다 싶은 심정으로 보드를 밀어내며 자리에서 일어섰다. 일어서자마자 롤러코스터가 꼭대기에 걸려 있다가 쑥 떨어지듯 보드가 파도의 앞면을 따라 미끄러졌다. 그리고 눈앞에 펼쳐진 놀라운 광경.

지금 이 순간 이 바다의 가장 높은 곳에 내가 서 있다. 해변까지 펼쳐진 내리막길을 따라 보드는 끊임없이 움직였다. 점점 빨리지는 속도에 순간 겁이 덜컥 났는데, 겁을 먹자마자 몸이 흔들거리기 시작했다. 침착, 침착. 이럴 때일수록 침착. 마음을 다잡으며 팔을 양옆으로 펴고 무릎을 살짝 더 굽혔다. 이내 보드는 다시 안정을 찾았고 마치 해안가를 드라이브하는 듯, 바닷바람이 내 얼굴을 부드럽게 스쳤다. 기분이 째졌다. 이런 게 바로 '물뽕'이구나. (서퍼들은 집채만 한 파도에 올라타서 '물뽕'을 한번 맞으면 서핑에서 헤어 나올 수 없다고들 말한다.) 나는 물뽕을 제대로 맞았다. 바다 위에서 파도의 속도로 하는 드라이브라니.

해변에 거의 가까워졌을 때쯤, 파도는 점점 힘을 잃더니 금세 사라져버렸다. 보드에서 내려 내가 출발한 라인업을 돌아보자 멀리서 나낭이 엄지를 들어 올렸다.

무지개 꽃이 피었습니다

서퍼들에겐 도통 풀리지 않는 수수께끼가 있다. 파도가 참 좋다가도 어떻게 된 게 내가 바다에 들어만 가면 이른바 '똥파도'가 되는 수수께끼. 뭍에서 볼 땐 분명 유리처럼 매끄럽고 어디 하나 모난 데 없이 매끈한 파도가 죽죽 들어오는데(이런 파도를 '글라시'하다라고들 표현한다), 바다에만 들어가면 어느 한구석 탈 데 없는 파도만 밀려온다.

"민영이 잡겠다!"

뭍에서는 눈으로 서퍼들을 좇으며 중계를 하는데, 그게 들어맞을 확률은 반반이다.

"조금만…… 조금만…… 조금만 더! 에구, 아까워라. 될 것 같았는데."

뭐든 입으로 하는 게 제일 쉬운지라 처음엔 다들 해변에 앉아서 당사자에게는 들리지도 않는 파도 훈수를 두는데, 바다에 들어간 횟수가 차곡차곡 쌓이면 오히려 입을 다문다. 밖에선 세 살 어린애도 탈 수 있을 것처럼 보이는 '꿀파도'가 안에서 보면 탈 구석 하나 없는 '똥파도'일 수 있다는 걸 몸소 깨닫게 되기 때문이다.

물론 머피의 법칙 같은 날만 있는 건 아니다. 뭍에서 봐도, 바다에서 봐도, 하늘에서 봐도 나무랄 데 없는 파도가 쏟아지는 잭팟데이도 분명히 있다. 그럴 땐 자전거를 처음 탈 때 뒤에서 잡아주던 부모님 손처럼, 파도가 보드를 딱 잡고 일어나라고 손짓하는 것만 같다. 나에게는 1.5미터 정도 높이에 삼각형으로 각이 잘 잡힌 파도가 제격이다. 무섭지 않고 만만해서 덤벼볼 만하니 파도도 더 잘 잡힌다. 파도 꼭대기가 사사삭 부서질 때 올라타는 맛이 있다. 그런데 보통 그런 파도는 혼자 오지 않고 꼭 군식구를 달고 온다. 3미터씩 돼서 목 아프게 올려다봐야 하는 덩치 큰 놈들로다가.

좋은 파도가 계속해서 밀려와서 마음 놓고 있다가 갑자기 커다란 파도가 입을 쫙 벌리고 나를 향해 뛰어오면 등에서 땀이 쭉 난다. 황급히 보드 위에 엎드려 파도가 부서지기 전에 파도 뒤로 넘어가려고 안간힘을 쓴다. 패들아웃이다. 앞에서도 말했지만 파도를 탈 때보다 더 긴장되는 순간이다. 패들아웃을 제때 하지 못하면 이제까지 파도를 타려고 버텨온 시간이 도루묵이 될 수도 있기 때문이다. 간절해질 수밖에 없다.

"아직 아니야! 아니야! 제발 깨지지 마라. 깨지지 마라. 깨지지 마라."

파도는 부서질 때 그 힘이 가장 센데, 그전에 넘어가지 못하면 파도에 얻어터져서 거의 해안까지 한참을 떠내려간다. 물은 물대로 먹고, 힘은 힘대로 들고, 화는 화대로 난 상태로 해변까지 밀려나서 다시 원점에서 시작해야 한다. 막 저장하려는 찰나에 갑자기 프로그램이 멈춰서 지금까지 한 작업이 모두 날아가버릴 때의 기분이랄까. 그럴 때는 몸보다 마음이 더 힘들어서 다시 시작할 기운을 내기가 참 어렵다.

내가 서핑을 하며 가장 견디기 어려워했던 것도 바로 이 부분이었다. 이제까지 온 길을 되돌아가 처음부터 다시 시작해야 하는 게 꼭 당시 내 인생 같았기 때문이다. 나는 매번 똑같은 회사에 서류를 넣으면서도, 나를 새롭게 설명하기 위해 자기소개서를 쓰고 또 쓰고 또 다시 썼다. 미련

하다 해도 포기할 수가 없었다. 그리고 탈락, 또 탈락, 또 또 탈락이었던 나날.

그 느낌을 너무 잘 아니까, 여기 내 눈앞에 보이는 저 파도라도 꼭 넘고 싶었다. 그리고 마침내 간당간당하게 보드가 파도를 넘어갔을 때, 보드 꼬리에서 *끄으와아아악* 하는 소리와 함께 파도가 부서졌을 때, 나는 파도를 처음 탔을 때보다 더 벅차오르는 마음으로 뒤를 돌아봤다. 숨을 얼마나 참았는지, 참은 숨을 몰아쉬느라 온몸이 들썩였다.

그리고 그런 내 눈앞에 무지개 꽃이 활짝 피어 있었다.

파도가 깨지며 흩날린 물방울에 햇빛이 산란되어, 파도가 부서질 때마다 그 뒤에서는 무지개 꽃이 핀다는 사실을 그때 처음 알았다. 스틱스강 이편과 저편처럼 멀었던 파도의 이편과 저편 사이. 파도를 넘지 못했다면, 절대 몰랐을 광경이다.

"서퍼가 되면 무지개를 아주 많이 볼 수 있어."

서퍼가 되면 좋은 점을 말하면서 나는 무지개 꽃에 대해 이야기한다. 다들 어리둥절한 표정을 짓지만 더 설명하지는 않는다. 파도의 갈기같이 일렁이는 무지개는, 파도를 넘은 사람에게만 주어지는 보상 같은 거니까. 파도가 부서지는 해변에서는 절대 볼 수 없으니까. 무기력하고 축축 늘어졌던 마음이 조금 촉촉해졌다. 돌아간다면 그간 넘지 못했던 삶의 파도를 꼭 넘어봐야지 싶은 생각이 조금 싹텄다. 나는 조금 달라졌고, 그곳에서는 또 다른 무지개 꽃이 나를 기다리고 있을 것만 같았다.

울퉁불퉁해도,
이게 내 인생 파도

그간 매일같이 바다에 나가 서핑을 한 터라, 몸도 마음도 이제 조금씩 서퍼 태가 날 때였다. 이런 날이 쭉 이어진다면 어제보다 오늘 더, 오늘보다 내일 더 서핑을 잘할 것만 같은데, 그런 내게 줄어드는 하루하루는 천금같이 아깝기만 했다.

그리고 마침내 찾아온 마지막 날, 밤 비행기를 타기 전까지 서핑을 할 거라고 굳게 마음먹고 있었는데, 그런 내 다짐을 비웃기라도 하듯 날씨가 심상치 않았다. 우르릉 쾅쾅, 바다에 나가기만 해보라는 듯 하늘이 내게 윽박지르는 것 같았다. 바람은 또 어찌나 부는지 해변으로 향하는 스쿠터가 휘청거렸다. 비 오고 바람이 휘몰아치는 날에는 바다가 울퉁불퉁해서 서핑 하기가 정말 안 좋은데, 그날이 딱 그랬다.

그렇다고 마지막 날인데, 어떻게 바다를 그냥 지켜보기만 할 수 있을까? 이렇게 빨리 바다와 헤어지면 두고두고 후회할 게 분명해서 해변에서 주섬주섬 바다로 나갈 준비를 했다. 리쉬를 차고 보드까지 옆구리에 끼자, 주변 사람들이 그런 나를 이해한다는 듯 잘 타고 오라며 등을 두드려줬다.

쉽지 않을 거라는 건 알았지만, 막상 들어가서 보니 예상보다 상황이 더 심각했다. 파도를 잡는다는 게 아예 불가능해 보였다. 이런 날엔 파도가 와도 보드가 내려갈 수 있는 경사가 생기지 않아서 서핑을 하기 어렵다. 파도가 와서 잡으면 조금 내려가다가도 앞에 솟아 있는 다른 파도 때문에 금방 길이 막혀버렸다. 괜히 힘 뺄 필요 없이 그만 나갈까? 하지만 나는 내일이면 여기 없는데? 오늘 밤 11시 35분 비행기에 오르고 나면 언제 또 이 바다를 만날 수 있을지 모르는데? 지금 나에게는 오직 이 바다뿐이다. 한숨을 폭 내쉬고 다시 파도에 집중했다. 그렇게 앞 파도와 뒤 파도에 갇혀서 메트로놈이 된 것처럼 왔다 갔다 하기를 두 시간여. 해가 서서히 지는 듯, 하늘과 바다에 옅은 노을이 일렁였다.

"딱 한 번만 더 해보자. 딱 한 번만!"

기회를 주지 않는 바다에 대한 원망, 서운함과 아쉬움이 한데 뒤섞여 입 밖으로 튀어나왔다. 마지막으로 파도 한 개만 타고 나가자고 중얼거리는데, 뒤에서 서서히 힘을 모으고 들어오는 파도의 머리가 보였다. 아마도 저 파도가 이번 발리에서 타는 마지막 파도가 될 모양이었다.

두 발을 딱 붙이고 온몸을 조금씩 움직이며 보드 위에서 완벽한 위치를 찾았다. 돌아보니 곧 파도가 내 보드 뒤꽁무니를 물 기세였다. 하나, 둘, 속으로 구호를 외치며 패들링을 시작했다. 하나, 둘, 하나, 둘. 조금씩 보드가 빨라지는 게 느껴졌다. 하나 둘, 하나 두울, 그리고 딱 보드와 파도의 속도가 동기화하듯 같아졌을 때, 보드가 슥 밀리는 느낌이 들었다.

이때다. 기회는 지금 한 번뿐이라고 스스로를 협박하며 남은 힘을 끌어 모았다. 재빨리 일어나 자세를 잡았다. 넘어지면 어쩌지 싶은 마음도 들지 않았다. '무조건 탄다'라고 중얼거리며 앞을 쳐다봤다. 제발 하루 종일 앞을 가로막았던 파도의 뒤통수가 보이지 않길 바라면서.

과연 이 파도를 탈 수 있을까? 눈보다 발이 그 답을 먼저 알아차렸다. 파도 면을 따라 빠른 속도로 보드가 미끄러지기 시작했다. 바다는 여전히 울퉁불퉁했지만, 내가 탄 파도가 가는 길만은 쫙 깔린 해안도로 같았다. 종일 꽉 막혔던 속이 뻥 뚫리는 것 같았다.

'어쩌면 이게 내 인생 파도일지도 모르겠다.'

누가 봐도 멋있는, 사뿐사뿐 날아다닐 수 있는 그런 파도 말고, 지저분한 바다에서 버티고 버티다가 간신히 찾아낸 이 파도. 이 날씨에 바다에 들어갈 생각을 하지 않았더라면 절대로 못 만났을 파도. 바다에 들어와서도 일찌감치 포기했다면 그 존재조차 몰랐을 이 파도가 내 인생과 닮아 있다 생각했다.

여전히 나는 이 파도를 잊지 못한다. 세상이든 일이든 사람이든 다 내 맘 같지 않아서 다 놓아버리고 싶을 때면 이 파도를 떠올린다. 그때 내가 바다에게 건넨 이 말과 함께.

"딱 한 번. 한 번만 더 해보자."

2장

파도가 〜〜〜〜〜〜〜〜〜〜〜〜〜〜〜

내게 하는 말

"파도는 피트와 인치가 아니라 두려움의 크기로 측정돼요."

– *버지 트렌트* 빅 웨이브 서핑의 선구자

Waves are not measured in feet and inches,
They are measured in increments of fear.

– *Buzzy Trent*

더 깊이 빠져야 넘을 수 있다

일이든 운동이든 많은 것이 그러하듯, 서핑도 멀리서 보면 단순한 것 같지만 가까이서 보면 꽤 복잡하다. 신나고 폼 나게 파도를 타는 게 서핑의 전부인 것 같지만(그래서 종종 서핑에 환상이 생기기도 하지만) 그건 아주 일부분일 뿐이다. 바다에 나가 있는 시간 중 파도를 타는 시간은 사실 1퍼센트 정도밖에 되지 않는다. 서퍼들은 대부분의 시간을 바다 위에서 버티며 보낸다. 파도가 작을 땐 적당한 파도가 들어올 때까지 기다리면서, 그리고 파도가 너무 클 땐 쓸려나가지 않도록 안간힘을 쓰면서.

파도에 쓸려가지 않으려면 패들아웃을 잘해야 한다. 라인업에 떠 있는 거의 모든 서퍼가 떠밀릴 정도로 큰 파도가 들어오면 그 파도를 제일 먼저 발견한 서퍼는 마치 미어캣 무리의 보초 미어캣처럼 "패들아웃!"이라고 크게 소리친다. 그 소리를 들으면 서퍼들은 일사분란하게 보드 위에 후다닥 엎드려 더 깊은 바다를 향해 두 팔로 풍차 돌리기를 한다. 그렇다고 모두가 살아남는 것은 아니다. 신호를 늦게 받았거나 원래 있던 위치가 파도 뒤편으로 넘어가기에는 너무 멀거나, 여러 가지 이유로 파도의 문턱을 넘지 못할 수 있다. 그럴 때는 자신의 위치에 따라 판단을 해야 한다. 그 순간을 어떻게 넘겨야 할지 말이다.

파도를 넘기는 방법은 서퍼마다 다른데, 나는 달려오는 거품 파도를 향해 열심히 패들링 하다가 파도와 보드가 부딪히기 직전에 보드 뒤쪽에 중심을 둬서 보드 앞부분이 들리면 후다닥 보드 앞쪽으로 이동해서 파도를 넘기곤 했다. 거품 파도에서는 이 방법이 그럭저럭 잘 통했다. 그런데 그린웨이브를 탈 만큼 바다 안쪽으로 들어가면 얘기가 달라진다.

이미 저 멀리서 깨져서 힘이 많이 빠진 거품 파도라면 이런 식으로 넘길 수 있지만, 바다 안쪽 파도는 힘이 세서 이 방법을 쓰면 파도에 그대로 업어치기를 당하고 만다. 나보다 체중이 만 배는 더 나가는 바다의 깃을 잡으려다가

메치기를 당하는 셈이랄까. 중급 강습 초창기에 얼마나 바다에 뒹굴었는지를 생각하면 지금도 아찔하다.

그런데 그때 좀 희한한 광경을 봤다. 방금까지 내 옆에서 같이 파도를 맞던 서퍼가 나보다 한 3미터 앞에서 뒤집힌 보드와 함께 떠오른 것이다. 마치 전기구이 통닭처럼, 한 바퀴 굴러 제자리로 돌아온 것 같았다. 처음엔 그냥 요행인 줄 알았다. 내가 있는 곳보다 파도 힘이 약했나 보다 싶었는데, 어라? 다음 파도, 또 그다음 파도를 연거푸 맞다 보니 그게 아닌 것 같았다. 나는 업어치기, 메치기를 당하면서 점점 뒤로 밀리는데, 전기구이 통닭은 자꾸 돌고 돌면서 점점 앞으로 가더니 어느새 파도가 부서지는 지점을 넘어서 있었다.

분명 처음에는 같은 출발선상에 있었는데 이상도 하지. 파도에 휘둘리느라 기진맥진한 내 앞에 또 나를 뒤짚어엎을 파도가 들어오고 있었다. 이번엔 파도를 넘겠다는 마음을 포기하고 보드를 해변 쪽으로 돌렸다. 끝도 없이 리필되는 파도를 맞으니 차라리 이 거품을 타고 나가겠다는 심산이었다. 그린웨이브를 타는 곳에서 거품을 탄다는 건, 이제 그만하고 나가겠다는 뜻이다. 두 손 두 발 다 들고 보드 위에 납작 엎드려 바다에서 줄행랑을 쳤다.

"왜 들어와? 어디 다쳤어?"

보통 바다에 들어가면 최소 한 시간은 있다 나오는 내가 30분 만에 나오자 혹시나 다쳤나 싶어서 에스더가 사색이 돼 다가왔다. 다치긴 다쳤지, 몸이 아니라 마음을.

"저거 어떻게 뚫고 나가?"

파도를 가리키며 울상을 짓자 에스더가 살풋 웃으며 말했다.

"에스키모롤 안 알려줬나?"

캘리포니아롤도 아니고, 에스키모롤? 이 뜨거운 태양 아래, 웬 에스키모 타령? 내가 제대로 들은 게 맞나?

"덕다이브는 알아?"

에스더가 연거푸 물었다. 그건 들어는 봤다. 파도를 넘는 방법을 검색하면 '덕다이브'가 가장 먼저 나온다. 말 그대로 오리가 잠수하는 모습에서 따온 기술인데 파도와 만나기 직전에 뾰족한 보드 끝을 바다 깊숙이 집어넣으면 된다. 파도가 들어오는 모습은 '굴러 들어온다'는 표현이 딱 맞는데, 빙글빙글 도는 그 회전 속으로 보드를 찔러 넣는 것이다. 파도의 회전 사이에 때맞춰 보드를 잘 찔러 넣으면 흐름을 타고 파도의 뒤통수를 뿡 뚫고 튀어나올 수 있다.

"그런데 그건 숏보더들이 쓰는 기술이고, 롱보더는 다

르게 해야 해. 그게 에스키모롤. 거북이가 뒤집는 모양이
랑 비슷하다고 해서 터틀롤이라고도 해."

　롱보드는 길이가 사람 키를 훌쩍 넘기 때문에 파도 밑
으로 집어넣을 수가 없다. 대신 파도가 부서져서 밀려오면
1~2미터 앞에서 보드와 함께 몸을 180도 뒤집으라는 말
이었다. 마치 에스키모가 눈보라와 추위를 피해 눈 속으로
파고 들어가듯, 보드를 뒤집고 바닷속에 들어가면 파도와
부딪히는 면적이 최소화돼 덜 밀려난다는 것이었다.

　"타이밍을 잘 맞춰서 멈추지 말고 그대로 돌아야 돼."

　아, 그 전기구이 통닭 서퍼가 했던 게 에스키모롤이었
구나. 파도가 지나간 후 다시 180도를 돌아 올라와서 패들
하면 에스키모롤 완성이다.

　그날 서핑을 마치고 밤새 유튜브에서 에스키모롤 영상
을 찾아봤다. 사실 바다에서 밀려날 때마다 과하다 싶을
만큼 비참한 기분이 들곤 했는데, 그건 바다가 서퍼를 밀
어내듯 세상이 나를 밀어내고 있다는 기분이 들어서였다.

　서울이라는 낯선 도시에 집이라고 부를 공간 하나 없
는 나(원룸도 집은 집이지만, 이름 그대로 방에 가깝기에).
'취준생'이라는 말로 퉁 쳐진, 그래서 부모님 없이는 제대

로 먹고살지도 못하는 나. 스스로를 제대로 알지도 설명하지도 못하는 나. 그런 내게 에스키모롤은 발상의 전환이었다. 밀려나도 덜 밀려나는 방법을 찾을 것. 덕다이브든 에스키모롤이든, 뭐든 하면 완전히는 안 밀려날 수 있다는게 조금 위안이 됐다.

다음 날, 어김없이 나를 밀어내려는 바다 위에서 나는 온몸에 힘을 주고 천천히 돌기 시작했다. 돌고, 또 돌고. 하지만 프로 서퍼가 하는 것처럼 360도 회전이 안 되고, 90도만 돌아도 나는 자꾸만 바다로 뚝 떨어졌다. 그래도 파도가 지나고 난 후 전보다는 덜 밀려났다는 걸 금방 알아챌 수 있었다. 그래, 오늘의 목표는 이거다, 완벽한 전기구이 통닭이 되는 것.

조금 설익었지만 못 먹을 정도는 아닌 수준이 됐을 때 조금 쉬러 해변에 올랐다. 에스더가 나를 보고 물었다.

"어때? 해보니까 좀 나아?"

누가 봐도 힘이 덜 빠진 걸 알아차릴 정도로 활짝 웃으며 대답했다.

"바다를 피해 바다로 도망가는 기술이라니, 만든 사람 진짜 상 줘야 돼."

아직도 가끔 에스키모롤에 실패한다. 그래서 뒤로 죽 밀려나면 힘이 빠져 축 늘어진다. 그럴 때마다 해변과 바다를 번갈아 쳐다보길 여러 번, 그러다가 결국 바다 쪽으로 고개를 돌린다. 아무리 밀려났어도, 해변으로 돌아갈까 고민하던 그때보다는 덜 밀려났으니 그걸로 됐다고 중얼거리면서.

남이 아니라 나를 보는 연습

나는 사람이 크다. 마음이 큰 것도 아니고, 됨됨이가 큰 것도 아니고, 문자 그대로 몸이 크다. 170센티가 훌쩍 넘는 키에 몸무게도 170킬로…… 정도까지는 아니지만 꽤 나간다. 사는 동안 한 번도 말랐던 적이 없다. 사정이 이렇다 보니 옷장 속에는 몸매가 잘 드러나지 않는 헐렁한 옷이나 검정색 옷이 많다. 밝은색 옷을 사려고 할 때마다 엄마는 "칠칠이 팔팔이가 그런 옷 사면 금방 뭐 묻힐걸?" 하며 나를 만류하곤 했다. 아니, 어머니. 칠칠이 팔팔이는 뭔가요. 제 옷 사이즈인가요? 제가 칠칠치 못한 건 제가 더 잘 알긴 하지만, 정말 그래서인가요? 혹시 제가 뚱뚱해서 말리시는 건가요?

　고등학생 땐, 공부 잘해서 대학만 가면 살도 저절로 빠진다는 그 말을 철석같이 믿었다. 수능 1등급을 맞으면 뱃살에 또렷한 세 줄도 한 줄로 줄어들 것만 같았다. 그땐 왜 의심할 생각을 안 했을까. 저절로 살도 빠지고 연애도 하고 부자도 된다던 그 말이 죄다 거짓부렁이었음을 이제야 알겠다.

　대학생이 돼도 당연히 뱃살은 빠지지 않았다. 원래 습관 그대로에 술까지 마셔댔으니 빠질 리가 있나. 나도 남들처럼 크롭 티 한번, 레깅스 한번 입어보고 싶었다. 돌아보면 왜 그랬나 싶지만, 그땐 그런 욕망을 주체할 수 없었다. 스물두 살 때는 6개월 동안 하루에 요가와 헬스와 재즈댄스를 동시에 다니고, 거의 식음을 전폐한 결과 20킬로 가까이 뺐다. 처음으로 배에 가로 주름이 사라지고 세로 주름이 생길 듯 말 듯하던 때다. 그러나 사람의 욕심은 끝이 없어서 내 눈에는 그런 내가 아직도 너무 뚱뚱해 보였다. 살을 더 빼야 한다는 강박에 아무것도 먹지 않고 미친 듯이 운동만 했다. 그러던 어느 날 운동을 마치고 인바디 위에 섰는데 갑자기 눈앞이 까매지고 몸이 앞뒤로 흔들흔들한다 싶더니, 그대로 정신을 잃었다. 눈을 떠보니 나를 걱정스럽게 쳐다보는 사람들이 보였다.

나 지금 뭐하는 거지? 뱃살이 없어지면 행복할 줄로만 알았는데, 너무나 불행했다. 뱃살 좀 줄고 몸무게 좀 줄면 뭘 하나. 건강을 잃고 정신 줄도 놓아버렸는데. 그날 이후로 먹으면 행복해지는 음식을 먹고, 운동은 하고 싶을 때만 하기 시작했다. 살은 금방 다시 불어났다. 뱃살을 만지면서 다이어트 생각을 하다가도, 기절했던 때가 떠올라 고개를 저었다. 그렇게 나는 있는 그대로의 나를 사랑할 준비가 된 줄로만 알았다. 적어도 서핑을 시작하기 전까지는.

"뱃살 좀 신경 쓰지 마!"

20년 넘게 뱃살에 신경 쓰던 사람이 한순간에 그 집착과 번뇌를 벗어던지기란 쉽지 않은 일이다. 보드 위에서 일어났다가도 뱃살을 가리느라 넘어졌다. 아바위가 그 꼴을 지켜보다가 내게 소리를 꽥 질렀다. 아무도 네 배 안 본다고, 배가 아니라 제발 파도에 집중하라고.

나도 잘 안다. 하지만 안다고 해서 바로 실천할 수 있는 게 얼마나 될까. 보드 위에 올라타면 손이 자동으로 배 쪽으로 간다. 혹시나 누가 날 보면 어쩌지, 내심 불안해하면서. 그런데…… 아바위 선생님? 아무도 안 본다면서요. 선생님, 네가 보고 있었네요? 다 봤겠네요, 내 뱃살?

보드 위에서 넘어지고 굴러 떨어지고 자빠지는 통에 눈도 제대로 못 뜨면서 뱃살을 가리겠다고 래시가드를 부여잡는 꼴이라니. 어지간히 한심해 보이긴 했을 것 같다.

"지금 부끄러워해야 할 건 네 뱃살이 아니고, 네가 보드 위에서 자세도 못 잡고 고꾸라지는 거야."

도무지 손을 가만두질 못하고 자꾸 물에 처박히니까 아바위가 가까이 와서 영어로 서툴게 말했다. 입고 있는 래시가드를 가만히 내려다봤다. 그래, 여긴 한국도 아닌데, 내 일거수일투족에 가재미눈을 뜨고 감 놔라 배 놔라, 이건 입지 마라 저건 입어라 하는 곳이 아닌데 도대체 왜 고작 옷 조금 올라갔다고 나는 이 난리인 걸까. 내 뱃살이 무슨 색이든, 얼마나 두껍든 그게 서핑이랑 무슨 상관이란 말인가. 그리고 뱃살 여부와 상관없이 어쨌든 일어나서 잘만 타는 사람이 천지에 널렸는데 말이다.

서핑을 하겠다는 사람이 뱃살 보일까 봐 자세 하나 제대로 못 잡는다는 게 말이 되는 이야기일까. 항상 스스로를 검열하고 살아온 버릇이 꾸따의 이 파도 위에서도 내 발목을 잡는다니 어이가 없었다. 그래서 '이번에는 배를 가리지 말아보자', '신경 쓰지 말고 파도에 집중하자' 중얼거리면서 열심히 팔을 저었다.

다짐만으로 한꺼번에 다 바뀌면 좋으련만, 세상에 그런 일은 일어나지 않는다. 배에 꿀이라도 발라놓은 양 손이 자꾸만 배에 가서 딱 붙었다. 그래도 달라진 게 있긴 했다. 손을 움직일 때 조금은 멈칫거리고, 가끔은 배 쪽으로 갔다가 바로 되돌아오기도 했다. 자세는 어정쩡하게 더 이상해졌지만, 원래 변화하는 과정이 제일 기괴한 법 아니겠는가. 그렇게 스스로를 다독이면서 바다에 서면 나는 온 신경을 남이 아닌 나에게로 옮겨오는 연습을 한다.

내 무게가 얼마냐면

　몸무게 얘기가 나온 김에 조금 더 말하자면, 보드 위에 올라설 때면 꼭 체중계에 올라가는 것 같은 기분이 든다. 내가 그동안 쌓아온 무게를 고스란히 마주하게 되기 때문이다. 아무리 팔이 빠져라 패들링을 해도 도무지 앞으로 나아갈 생각이 없는 보드 위에서 나는 좌절한다. 아니, 누가 이렇게 만들었지? (누구긴 누구야. 네네, 범인은 접니다.) 내 무게를 이렇게 불린 원흉은 다른 누구도 아닌 바로 나다.

　밤 12시 넘어서 치킨을 시켜 먹은 나(치킨은 언제나 진리), 회사에서 틈나는 대로 과자를 주워 먹은 나(참 부지런도 하지), 그리고 저녁 러닝을 쉽게 포기하는 나(포기가 제일 쉬웠어요). 그래서 매번 서프보드 위에 올라타기 전에 마음의 준비를 한다. 이번에는 얼마나 무거워졌을까 하고. 체중계 숫자가 멈춰 서기를 기다리는 것처럼 흔들리는 동 공으로 보드가 물에 얼마나 잠기는지 살핀다. 그리고 마음 이 쿵 내려앉는다. 벌써부터 오늘 서핑이 힘들 게 눈에 선하다.

부력 좋은 보드를 사야 하나, 괜히 해변에서 지나쳐온 보드숍에 세워져 있던 보드를 떠올린다. 보드는 두꺼울수록 부력이 좋다. 몸이 조금 무거운 편이라면 부력 좋은 보드를 사는 것도 하나의 방법일 수 있다. 하지만 모든 서퍼가 보드의 부력에 기대는 건 아니다. 몸이 가볍고 날렵한 서퍼들은 보드의 부력 없이도 잘만 날아다닌다. 반대로 말하자면 몸이 무겁고 둔한 나 같은 사람은 바다 위를 기어다닌다.

발리 첫 방문 때, 거북이보다 더 느리게 움직이는 내 옆을 에스더가 돌고래보다 빠른 속도로 지나가며 말했다.

"무거워서 그래. 어쩔 수 없어. 운동해야지."

에스더도 몸이 가벼운 서퍼 중 하나다. 구구절절 맞는 말이 내 안에 푹푹 박힌다. 나는 무겁고(푹), 어쩔 수 없는 사실이고(푹), 운동을 왜 안 했니(푹). 멀어져가는 에스더의 뒷모습을 눈으로만 열심히 좇는다. 꿈틀거리는 에스더의 등 근육이, 다시 한번 내 속을 푹 찌른다. 에스더는 발리에서도 소문난 운동 중독이다. 새벽엔 요가, 낮엔 서핑, 저녁엔 헬스를 한다. 그렇게 열심을 다해 다져놓은 에스더의 몸은 탄탄한 근육으로 세워진 기둥처럼 날렵하다. 이러니 물고기보다 빠를 수밖에. 그런 에스더와 나란히 떠 있으려면 한참을 패들링 해야 한다.

"서핑 실력이 늘려면 우선 자기 무게를 잘 알아야 해. 무거우면 무거운 대로, 가벼우면 가벼운 대로. 좌절하지 말고. 넌 근육이 많아서 패들링은 남들보다 잘하잖아. 살만 좀 빼면 돼. 서핑은 끊임없이 자기 무게를 알고, 또 조절하면서 하는 거야."

그 말을 듣고 머리가 띵했다. 고등학교 1학년 때부터 피디를 꿈꿨는데, 꿈을 이루기 위한 준비 기간이 10년을 넘기고 또 들인 노력이 늘어나면서 마음도 삶도 무거웠던 때였다. 이만큼 시간과 노력을 들였으니, 이제 결과를 내야 한다는 압박감을 견디기 힘들었다. 삶의 무게를 스스로 쌓아놓고도, 그 무게에 짓눌려 있던 셈이다. 아무것도 이룬 게 없다는 생각은 더 나를 못살게 굴었고, 지금껏 쌓아온 것까지도 애써 외면하게 만들었다. 그게 몸무게든 꿈을 향한 노력이든, 차곡차곡 쌓으면 미래의 내가 고스란히 감당해야 한다. 꿈이 이뤄지지 않는 기간이 아무리 길어진다고 해도. 내 무게를 알아야 한다는 에스더의 말에, 지금껏 쌓아온 내 무게를 견디기 힘들어서 외면한다면 나중에는 상황을 타개하기가 더 어려워지리라는 실감이 찾아왔다.

그날 나는 오랜만에 체중계 위에 올라갔다. 오른쪽 왼쪽으로 사정없이 흔들리는 저울 눈금을 바라보면서 스스로의 무게를 마주했다. 일단은 내 무게가 얼마나 되는지 알아야 그다음을 정할 수 있으니까. 하지만 단단히 결심했는데도 10의 자리 숫자가 달라질 때마다 마음도 같이 널뛰기를 했다. (결과는 참혹했다.)

꽤 큰 숫자를 앞에 두고 잠시 좌절했다가 이내 마음을 다잡았다. 내 앞에는 두 가지 선택지밖에 없다. 어렴풋하게 계속 스스로를 버거워하며 살거나, 분명하게 현실을 직시하거나. 어차피 무겁다는 사실에는 변함이 없다. 그럴 바에는 빨리 현실을 인정하고 바꿔나갈 일이다. 무엇보다 바다에 뛰어들면 그 무게를 절대 외면할 수 없다.

어깨를 쫙 펴고, 허리는 꼿꼿하게

운동은 정확한 자세가 8할이라고들 한다. 다양한 운동을 섭렵한 내가 봐도 맞는 말이다. 그런데 어째 서핑 초기에는 도무지 제대로 된 자세가 나오질 않았다. 에스더는 한참 동안 나만 보면 이런 잔소리를 하곤 했다.

"이래도 되나 싶을 정도로 어깨를 펴고 허리를 세워. 안 그러면 무게중심이 앞에 있어서 보드가 앞으로 박혀."

허리를 곧추세우지 못해 일어날 때를 놓치면 보드는 바다 톨게이트를 하이패스로 통과한다. 중력에서 자유로워진다는 느낌도 잠시, 그다음은 런드리다. 자세를 바로 하지 못하면 통돌이 세탁은 이미 예약된 수순이다.

사실 서핑의 기본자세는 생각보다 간단하다. 보드가 속

밀리는 기분이 들면, 양발을 딱 붙인 상태에서 가슴 옆에 놓은 두 손으로 보드를 지그시 누르며 일어서면 된다. 플랭크 자세에서 요가로 치면 코브라 자세를 했다가 전사 자세로 빠르게 넘어가는 느낌이랄까. 내 느낌에는 완벽에 가까웠는데 (자주 그렇듯) 내 느낌만 그랬나 보다.

사실 처음에는 몸이 전반적으로 굽어 있다는 말을 흘려들었다. 내 몸이 그럴 리가 없다고 생각했다. 우기는 사람 앞에 장사 없다고 계속해서 부인하자 친구가 내 모습을 찍어서 보여준 적도 있다. 보드에 껌처럼 붙어 있는 나를. 분명히 죽어라고 몸을 뒤로 당기고 있었는데 이상한 노릇이었다. 언제 이렇게 굽은 자세로 굳어진 걸까?

다음 날도, 그다음 날도 런드리, 런드리. 란제리 모드에서 이불 세탁 모드까지 다양하게도 통돌이를 당하는 통에 코에서 짠물이 줄줄 흘렀다. 짜증도 슬그머니 밀려왔다. 지금껏 하고 싶은 일 하고, 할 말은 하면서 살아왔다고 생각했다. 그런데도 몸이 이렇게 굳어버린 것을 보면 (역시나) 생각만 그랬을 뿐, 실제로 나는 늘 숙이고 굽히며 살아왔는지도 모르겠다. 오기가 썰물처럼 빠져나간 자리에 한숨이 밀려왔다.

맞다. 이게 내가 살아온 자세다. 모니터 앞에서 목을 쭉 빼고 등이 굽은 채로 편집기를 만지며 살아온 내 모습이 눈앞을 스쳐 지나갔다. 어디 그뿐인가. 회사에서 내 위치는 어깨를 당당하게 펼 수 있는 그런 자리가 아니었다.

"무슨 프로그램 만드세요?"

방송국 피디라고 하면 다들 잔뜩 기대하는 표정으로 어떤 프로그램을 만드느냐고 묻는데, 나에게는 그들이 원하는 대답이 없었다. TV에 나오지 않는 디지털 콘텐츠를 만들고 있는 데다 정규직도 아닌 프리랜서 피디라 더욱 위축돼 등을 굽혔다. 인터뷰 요청이나 촬영 요청을 할 때도 마찬가지였다.

디지털 브랜드에 올라갈 거라고, 이러저러한 기획의도로 제작하고 있다고 한나절 동안 설명했는데 "그래서 TV에 나와요?"라는 질문이 돌아오면 참 허탈했다. TV에는 안 나온다고 하면 촬영을 거절하는 일도 빈번했다. 이럴 땐 최후의 수단을 쓰는 수밖에 없다. 고개를 숙이고, 허리를 숙이고 빌고 빌며 일을 했다.

회사 안에서도 처지는 별반 다르지 않았다. 방송국 공채만 봐도 알 수 있다. 지상파에서는 한 번도 디지털 피디 직군의 신입 공채가 열린 적이 없다. 하지만 디지털 브랜드는 계속해서 만들어댄다. 공채를 하지 않는데 일하는 사람은 어디서 나오는 걸까. 자회사, 파견, 프리랜서, 인턴이 그 근원이다. 방송국, 그중에서도 디지털 직군을 톺아보면 그 고용 형태의 다양성에 머리가 어찔할 정도다.

취준 시절, '첫 직장이 많은 것을 좌우한다'는 말을 수도 없이 들었다. 좋은 회사, 좋은 조건으로 시작해야 그다음이 잘 풀린다는 말일 테다. 그건 나의 신념이기도 했다. 하지만 세상은 내가 무얼 믿든 저 혼자서 잘도 돌아갔고, 좋은 조건은커녕 기회의 탈을 쓰고 찾아오는 돌멩이도 감사할 지경이었다.

생소한 일과 생소한 계약 조건과 생소한 직업으로 살아가는 건 참 등이 휘는 일이었는데, 그사이 몸보다 마음이 더 휘어져버렸다. 인턴과 프리랜서를 거듭하면서 허리가 이나마 남아 있는 게 다행인지도. 회사에서 프리랜서는 언제든 나갈 수 있는, 혹은 내보낼 수 있는 객식구다. 말이 좋아 프리랜서지, 그건 무늬일 뿐 회사는 목줄을 죄고 있는 갑 중의 갑이었다. 그러니 매분 매초 나의 가치를 입증해야 했고, 휴가는 무급으로 가야 했고, 불공정에 대한 이야기는 속으로 삼켜야 했다. 그때는 그 무게를 잘 견뎌내는 줄로만 알았는데 그게 아니었던 것이다.

차에 달린 인형처럼 몸을 한껏 앞으로 빼고 쉼 없이 고개를 끄덕이며 살면서 어깨와 허리가 자신 있게 펴지기를 바라는 건 욕심이지 싶었다. 그리고 생각이 이쯤에 이르자 가슴이 철렁했다. 굽었다는 사실보다 이 상태로 계속 살게 될까 봐 두려웠다.

생각이 많을 때는 바다에 들어가야 한다. 두려움과 좌절, 불안을 가득 안고 들어갔다가 연거푸 런드리를 당하고 나면 차라리 마음이 편해진다. 고개를 기울여 머리를 툭툭 치자 먹먹한 귀가 뻥 뚫렸다.

9.1피트의 자유

"발리에 절 기다리는 존재가 있어요."

왜 꼭 서핑을 발리에 가서 하느냐고 누군가 물으면 이렇게 대답하곤 한다. 진짜다. 한 3미터 정도 되는 키에, 언제 봐도 듬직한 존재가 오늘도 발리에서 나를 기다리고 있다. 바로 내 보드가……

세 번째 발리행을 계획하면서 나는 이미 보드를 사야겠다고 결심했다. 그 전에는 항상 보드를 빌려서 탔는데 그편이 부담 없었기 때문이다. 번거롭게 들고 다니지 않아도 되고, 큰돈을 쓰지 않고 딱 빌린 만큼만 내면 되니까. 하지만 앞으로 계속 발리에서 서핑을 해야겠다고 마음을 먹고 나니 렌탈 비용이 부담스러워졌다. 또 실력을 키우려면 이

것저것 해보고, (물론 의도치 않게) 박혀도 보고 뒤집혀도 보고 날려보기도 해야 하는데 남의 보드가 상할까 봐 뭘 해보기도 전에 움츠러들었다.

게다가 빌릴 때마다 길이도 들쭉날쭉, 무게도 오락가락해서 감을 찾기가 어려웠다. 저번에는 9.3피트로 탔는데 이번엔 9.0피트, 저번엔 둥근 노즈(보드의 코)였는데 이번엔 뾰족한 노즈……. 좀 익숙해졌다 싶으면 한국으로 돌아갔고, 다시 돌아오면 다른 셰이프의 보드가 나를 기다리고 있었다. 안 그래도 바다 마일리지를 쌓아야 파도를 잘 탈 수 있다고들 하는데, 길어야 열흘 바다에 머물면서 파도가 아니라 보드에 적응하느라 시간을 다 써버리는 것 같았다. 명필은 붓을 탓하지 않고 장인은 도구를 탓하지 않는다지만, 나는 명필도 아니고 장인도 아닌지라 자꾸만 보드를 탓하게 됐다. 어라, 근데 이거 즐거우려고 하는 일 아닌가. 왜 이러고 있는 거지? 그때 결심했다. 보드를 사야겠다고.

보통은 결심하기까지가 어렵지 그다음은 쉽다는데, 정작 마음먹은 다음에 더 큰 고민이 닥쳐왔다. 어떤 걸 사야하지? 나에게 맞는 보드는 뭘까? 나는 어떤 파도를 어떻게 타고 싶은 거지? 이 모든 질문에 대한 대답이 필요했다.

　서프보드는 크게 숏보드, 롱보드, 펀보드 세 종류로 나 눈다. 먼저 숏보드는 길이가 6~7피트(1.8~2.3미터) 이하 다. 웬만한 사람 키와 비슷하다고 생각하면 된다. 길이가 짧은 만큼 부력이 작아서 타기는 어렵지만 방향 바꾸기나 점프 같은 묘기를 부리기가 조금 더 수월하다. 유튜브를 보 면 파도가 만드는 터널 사이를 호쾌하게 가르는 장면에서 자주 등장한다. 그래서 웬만큼 타는 서퍼들이 즐겨 사용하 고, 곧바로 숏보드로 시작하는 사람은 흔치 않다.

　롱보드는 숏보드와 정반대인데, 길이가 짧게는 8피트, 길게는 12피트에 이른다. 부력이 좋아 작은 파도를 숏보드 보다 쉽게 잡을 수 있다. 턴이 어렵고, 점프는 불가능한 대 신 보드 위를 자유자재로 걸어 다니는 워킹, 노즈에 다섯 발가락을 거는 '행파이브', 열 발가락을 다 거는 '행텐'이라 는 기술을 구사할 수 있다.

　그리고 마지막으로 펀보드는 숏보드보다 조금 길지만 롱보드보다는 짧다. 숏보드의 유연성과 롱보드의 부력을 동시에 지닌 보드다. 롱보드처럼 테이크오프하기가 편하 고, 숏보드처럼 속도감을 즐기며 탈 수 있다는 것이 매력 으로 꼽힌다.

　처음엔 롱보드와 숏보드의 장점을 두루 갖춘 펀보드를

살까 했는데, 계속 서핑 영상을 보다 보니 워킹과 행파이브, 행텐을 해보고 싶다는 욕심이 생겼다. 그렇다면 롱보드다. 여기서 고민이 끝났다면 좋았겠지만 그다음에도 결정해야 할 사항이 줄줄이 이어졌다. 얼마나 긴 걸 탈지, 노즈는 어떤 모양이 좋은지, 어느 정도 무게감이 적당한지, 새 걸로 살지 중고로 살지……. 생각해야 할 게 한두 가지가 아니었다.

자, 처음부터 새 보드를 사기에는 부담스럽다. 적어도 100만 원은 깨질 터였다. 그렇다면 중고로 결정. 지금껏 몇 가지 보드를 경험해본 결과 9.1피트 길이에 둥근 코를 가진 롱보드가 나와 궁합이 잘 맞는 것 같았다. 여기까지 결정한 다음 발리의 서퍼 커뮤니티에서 지금 내 보드를 발견했을 때 직감했다. 지금껏 열심히 일한 게 다 이 보드를 만나려고 그런 거였구나 하고.

오토바이를 타고 보드를 보러 갔는데, 현지인들이 모여 사는 꾸따의 한 빌라 앞에 왁스가 깨끗하게 벗겨진 보드가 놓여 있었다. 이미 나 말고도 여럿이 보고 간 모양인지, 보드 주인은 익숙한 손길로 보드를 보여줬다.

보드를 사려면 무조건 왁스를 벗겨 숨겨진 민낯을 확인해야 한다. 서퍼가 얼마나 험하게 탔는지, 바다 밖에서는 어떻게 다뤘는지가 한눈에 훤히 보인다. 보드의 블랙박스인 셈이다. 보드 주인은 서핑을 꽤 잘하는 사람으로 꾸따에서 유명했는데, 보드도 그런 주인을 닮아서 흠 잡을 데하나 없었다. 내가 마음에 들어하자 그가 말했다.

"보드 판 돈은 비행기 사고 피해자들한테 기부할 거야."

몇 년 전 인도네시아에서는 이륙하던 비행기가 바다에떨어져 탑승자 전원이 사망하는 사고가 발생했었다. 그보다 앞서 우리나라에서 일어났던 사고가 떠올라서 발리에있는 한국 서퍼들에게는 이 일이 남 일처럼 느껴지지 않았다. 매일 밤 이해할 수 없는 인도네시아 뉴스를 보면서 생존자가 있기를 기다리는 건 현지인이나 외국인이나 마찬가지였다. 보드를 사면서 그들도 도울 수 있다면 내게도뜻 깊은 일이었다.

망설임 없이 돈을 건네고 보드를 받아들었다. 보드를오토바이에 싣자 '내 보드'라는 실감이 났다. 서핑과 오토바이의 나라답게, 발리 오토바이 옆에는 U자 모양의 서프렉이 앞바퀴에 하나, 뒷바퀴에 하나 달려 있다. 거기에 보드를 끼워 묶으면 된다. 내 보드(그렇다, 이제 정말 내 보드다)는 오토바이보다도 훨씬 길어서 보드를 싣자 마치오토바이 뒤에 날개가 달린 것 같았다. 이제 돌아가서 왁스칠만 하면 정말이지 빼도 박도 못 하는 내 보드다. 왁스칠이라고 하면 광을 내는 걸로 오해하기 쉬운데, 서핑에서는 오히려 그 반대다. 보드 위를 왁스로 덮어서 꾸덕꾸덕하고 끈적하게 만든다고 생각하면 된다. 미끄러지지 않게 하기 위해서다. 또 서퍼의 보폭이나 자세에 맞춰 자신이 발 딛는 부분에 더 많이 왁스를 칠하기 때문에 보드의 왁스칠에는 서퍼의 개성이 녹아든다.

해변에 도착하자마자 숨 쉴 틈도 없이 보드를 내려서 베이직 왁스로 슥슥 밑그림을 그렸다. 보드 위에 누웠을 때 얼굴이 마주하는 부분에는 웃는 얼굴을 그려 넣었다. 웃으면서 즐겁게 서핑을 하자는 바람을 담아서.

그날로부터 3년, 그 보드는 나와 바다 위에서 가장 많은 시간을 보낸 존재가 됐다. 죽일 듯 덤벼드는 모든 파도를 함께 맞고 버티고 견디고 굴렀기에 이제는 거의 운명공동체다. 오랜만에 보드 위에 누워도 딱 어디쯤에서 일어나야 하는지 느낌이 온다. '내 보드'가 생기기 전에는 몰랐던 감각이다.

보드를 사고 난 다음에는 더 자주 발리에 간다. 그곳엔 더도 말고 덜도 말고 딱 9.1인치만큼의 자유와 행복이 있다. 당장 파도에 말려도 나를 잡아 끌어올려줄 유일한 버팀목, 발밑에 뭐가 있을지 모르는 드넓은 바다에서 나를 짊어져주는 나만의 섬. 무엇보다 세찬 파도 위에서 날개가 되어주는 나의 보드가.

바다에 나가거나,
나가지 않거나

실패를 좋아하는 사람이 어디 있으랴마는 나의 실패 거부증은 좀 강박적인 데가 있다. 요즘도 가끔 파도가 너무 안 잡힐 때면 아예 바다에 들어가기가 싫어진다. 바다에 들어가지 않으면 파도를 '못' 탄 게 아니라 '안' 탄 게 되니까. 시도를 안 하면 실패도 없으니까.

이런 생각은 대학교 4학년 때(나는 대학을 8학년까지 다녔다, 졸업을 미루고 미루면서) 극에 달했었다. 실패가 무서워서 뭘 해볼 엄두를 내지 못했다. 진짜 하고 싶은 게 아니면 뛰어들 생각이 안 들었다. 엄마는 그런 나를 답답해했다.

"어디든 써보면 되지."

"실패하면 어떻게 해, 그리고 다들 좋은 회사에서 시작해야 한댔어."

"그 말도 틀린 말은 아니야. 그런데 회사를 한 번도 안다녀봤는데, 너한테 좋은 회사가 어딘지 어떻게 알아? 엄마도 회사를 다니면서 알게 됐는데. 해보고 아니다 싶으면나오면 되지."

아무리 옳아도 듣기 싫은 소리는 귀를 그저 스쳐 지나가기 마련. 30년 넘게 회사를 다닌 엄마의 그 말에서 30년전이랑 지금은 상황이 다르다거나, 지방과 서울은 다르다거나, 내가 갖고자 하는 직업은 엄마의 직업과 다르다거나하는 트집거리를 기어코 찾아내고야 만다.

"그게 싫어. 아니면 나오는 거, 그게 실패잖아. 실패하기싫어."

"실패 안 하려면, 성공하려면, 실패할 수도 있는 걸 해야해."

머리로는 구구절절 맞는 말이라고 생각했지만, 가슴은여전히 크게 도리질을 쳤다. 살면서 한 번도 '좋은 실패'에대한 이야기를 들어본 적이 없다. 아빠 엄마 친구의 자식들은 다 성공하고 잘났고(세상엔 왜 이리 엄친딸이 많은가!)온갖 책과 TV에 성공담이 넘쳐나는데 이런 세상에서 실패라니. 그것도 당당한 실패라니, 애초에 실패할지도 모른다는 생각을 갖고 도전하라니, 그럴 수는 없을 것 같았다.

그렇게 내가 망설이는 동안 기회는 회전초밥집에 있는 초밥 접시처럼 눈앞을 스쳐 지나갔다. 누구는 자소서를 100개씩 낸다는데, 나는 채용공고 앞에서 '이 회사는 이래서 안 돼, 저 회사는 저래서 안 돼' 하며 시간만 보냈다. 그런 내게 문제가 있다는 걸 4학년 2학기 때 〈완벽주의와 정신건강〉이라는 수업을 들으며 알게 됐다.

"완벽주의라고 하면 여러분은 어떤 느낌이 들어요? 긍정적인 느낌이죠? 우리나라엔 이런 이상한 문화가 있어요. 완벽주의는 병이거든요. 사람이 어떻게 완벽해요. 사람은 아무리 노력해도 완벽할 수 없어요. 근데 우리나라는 사람이 완벽하길 원해. 그러니까 완벽주의를 긍정적으로 보는 시선이 있는 거예요. 유명한 사람들이 TV에 나와서 이렇게 말하잖아요. '제가 좀 완벽주의가 있어서……' 다들 그걸 문제로 보지 않는다는 걸 알기 때문에 할 수 있는 말이거든요. 근데 유명한 사람들이 나와서 이렇게 말하고, 사회에서 바라보는 시선도 좋고 그렇잖아요? 바로 여기서 문제가 생겨요. 기준이 완벽에 가 있으니까, 그렇지 않은 사람들은 다 부족한 거야. 그러면 완벽주의의 증상은 뭐

냐? 아이러니하게도 아무것도 안 하는 거예요. 왜? 뭘 하면 실패할 가능성이 있잖아. 그러면 완벽할 수가 없거든. 그러니까 아무것도 안 하는 거예요."

수업 오리엔테이션에서 교수님의 말을 들으면서 목이 아파라 고개를 끄덕였다. 완벽에 집착해서 어떤 시도도 하지 못하는 사람이 바로 나였다. 완벽한 시도라는 건 (심플한 화려함이나 컬러풀한 모노톤처럼) 존재할 수 없다는 걸 알면서도 혹시나 하는 마음이 있었던 것이다. 나는 완벽주의자라는 허울 뒤에 숨은 겁쟁이일 뿐이었다.

"근데 여러분, 나도 가끔 그럴 때가 있어요. 우리가 어렸을 때부터 차곡차곡 나도 모르게, 무의식적으로 학습해온 거라서 다 그런 부분이 있어요. 잘못된 게 아니에요. 이제 의식하면 돼요. 어떻게?"

교수님은 누군가의 입에서 답이 튀어나오길 바라며 허공을 손으로 저었다. 하지만 강의실을 채운 50여 명의 학생에게서는 어떤 대답도 나오지 않았다.

"자, 여러분의 삶을 잘 생각해봐요. 어쨌든 뭔가를 하면서 살 수밖에 없으니까, 다들 경험이 있잖아요. 그걸 거슬러 올라가보자고요. 성공한 경험이면 그걸 했을 때로 가봅시다. 성공할 줄 알고 했나요? 아니거든. 그냥 한 거거든.

완벽한 시도도 없고, 완벽한 결과도 없어요. 실패도 경험이 되고 성공도 경험이 되는 거죠. 그러니까 시도하는 게 중요해요. 아무것도 안 하는 게 진짜 실패야."

진짜 실패. 그날 나는 그 네 글자를 꾹꾹 눌러 적었다. 그동안 내가 해왔던 게 진짜 실패라는 생각에 코끝이 조금 시큰했다.

그때부터였다. 그동안 하지 않았던 시도를 시작한 게. 첫 시도는 '스브스 뉴스'였다. 지금이야 웬만한 사람이면 다 아는 뉴스 브랜드가 됐지만 그때만 해도 정말 간판만 있지 거의 아무것도 없던 곳이다. 보통 때의 나라면 SBS가 아니라 '스브스'라는 이름을 단 정체 모를 매체는 바로 패스했을 거다. 하지만 공고를 꼼꼼히 읽어보니 콘텐츠 기획을 할 수 있겠다는 생각이 들었다. 그래, 아무것도 안 하는 것보다야 뭐든 하는 게 낫지. 실패하면 어때, 안 맞으면 어때, 그건 그때 가서 다시 생각하자. 매일 자소서를 채용 마감 직전까지 붙잡고 있다가 못 내기 일쑤였기에 이번에는 쇠뿔도 단김에 빼라는 기분으로 결심이 선 바로 그날 자소서를 작성해 제출하기로 했다. (나중에 들은 바에 따르면 너무 빨리 내서 진정성이 의심된다는 이유로 불합격을 고민했을 정도라고.)

아무튼 그렇게 2015년 1월에 스브스 뉴스의 인턴이 되었다. 그때 스브스 뉴스는 '느낌 있는 뉴스'라는 (누가 봐도 구린) 슬로건을 달고 하루에 '좋아요' 다섯 개를 받던 그렇고 그런 채널이었다. 같은 회사 사람조차 모르는 게 당연한 브랜드였다. 그러다 보니 운이 좋은 건지, 나쁜 건지 모르겠지만 스브스 뉴스는 초창기에 회사의 관심 밖에 있었다. 오죽하면 우리가 새로 지은 슬로건이 'SBS가 (자신 있게) 내놓은 자식들'이었을까. 회사의 무관심 덕분에 운 좋게 나를 비롯한 열 명의 인턴이 제작 주도권을 잡고 비슷한 연령대인 1020 타깃의 콘텐츠를 만들 수 있었다.

"네? 스브스 뉴스요? 그게 뭔데요?"

처음 취재를 위해 전화를 걸면 한결같은 대답이 돌아왔다. SBS에서 만든 디지털 뉴스 브랜드라고 시작되는 장황한 설명을 되풀이하고 되풀이하던 어느 날, 조금씩 사람들이 스브스 뉴스를 알아보기 시작했다. 한번 브랜드가 알려지기 시작하자 그 파급력이 엄청났다. 매일 자고 일어나면 팔로어가 1,000명씩 늘어났고, 취재도 훨씬 수월해졌다.

처음에는 이 브랜드 참 답도 없다고 생각했었는데, 지금의 스브스 뉴스를 보고 있자면 오히려 그때 내 생각이 답이 없었음을 알겠다. 시도하면서도 나는 실패할 게 분명하다고 생각했었다. 그런데 얼결에 실패 아닌 성공이 손에 들어오자 조금 얼떨떨했다. 초짜가 운 좋게 그린웨이브를 얻어 탄 격이었다.

스브스 뉴스에서 인턴을 마친 후 여러 방송국에서 프리랜서로 일하면서 나는 뭐든 더 열심히 시도할 수 있는 인간이 됐다. 물론 시도가 늘어날수록 실패도 늘어났지만 간간이 성공을 하기도 했다.

바다에 나가지 않으면 짠물을 먹을 일도, 파도에 온몸을 강타당할 일도, 엎어지고 다칠 일도 없다. 하지만 그러면 바다 위에서 무지개를 볼 일도, 자연의 광대함을 느낄 일도, 아주 잠깐일지언정 물마루 위에 올라서서 바다를 내려다볼 일도, 파도를 잡아탔다는 쾌감을 느낄 일도 없다.

파도가 영 안 잡혀서 바다에 들어가기 싫어지면, 스스로에게 말한다. 파도를 잡든 안 잡든 우선 바다에 나가자고. 실패든 성공이든 모든 것이 거기 있다고.

잘 내려오는 게 더 중요해

스브스 뉴스를 정말 자식처럼 키웠다. 아홉 명의 친구
와 함께 빚어낸 소중한 내 새끼. 주중, 주말을 가리지 않고
제작 카톡 방에는 끊임없이 새로운 아이디어가 쏟아졌고
일주일에 만 명씩 팔로어가 늘 때마다 우리는 열광했다.
사람들의 '좋아요'가 늘어날수록 스브스 뉴스에 대한 나의
애정도 점점 커져만 갔다.

회사 내의 대우도 달라지기 시작했다. 처음엔 연결통로
에 있는 간이 사무실에서 일하느라 다들 한 번씩 기관지에
병이 생겼었다. 심지어 개인 장비로 일을 하다 보니, 분명
일하느라 고장이 났는데도 컴퓨터를 수리해주기 어렵다
는 말을 듣기도 했다. 그런데 3개월쯤 지나 브랜드가 사람

들에게 알려지기 시작하자, 9층에 있던 사무실을 19층으로 옮겨주더니 처음으로 회사에서 컴퓨터를 지급해줬다. 정말이지 어처구니없는 근무환경에서 일을 했구나 싶었지만, 그땐 그것도 감지덕지했다. 정말 내 장비와 내 기획과 내 콘텐츠로 만들어낸 내 브랜드가 인정을 받는 기분이었다.

하지만 회사에서 만든 모든 것이 그렇듯 회사에 내 새끼는 없다(회사 새끼만 있을 뿐). 인턴이 끝날 무렵에야 그걸 깨달았다. 물론 모르고 했기에 그만큼 더 애정을 줄 수 있었는지도 모른다. 매일 아침 치열하게 했던 발제 회의와 사람들에게 더 좋은 정보를 전해주기 위해 집요하게 했던 취재, 점심시간에 밥을 먹으면서도 서로의 아이템에 대해 떠들어댔던 나의 소중한 동료들.

"스브스 뉴스에 기여해준 1기 인턴들에게 이 상을 드립니다."

그토록 사랑하고 아꼈던 스브스 뉴스를 떠나는 날, 그동안 쏟은 열정, 시간, 노력만큼이나 마음이 텅 빈 것 같았다. 조금 오글거리긴 하지만 자식을 두고 떠나는 부모 심정이 이럴까 싶었다. 엘리베이터를 타고 19층에서 1층으로 내려오던 그 순간이 아직도 기억난다. 내 인생의 한 조각이 저 위에 걸려 있다.

"잘 내려가자."

보드 꼬리가 파도에 들리기 시작하면 그때 그 마음으로 이렇게 중얼거린다. 처음 파도를 잡을 때는 미친 듯이 패들링 해서 파도를 따라 올라가기도 벅찼다. 그래서 올라가려고 안간힘을 썼다. 거기까지만 하면 그 뒤는 아주 스무스하게 이어질 거라고 생각했다. 어라, 그런데 그게 아니네? 마침내 파도를 잡을 힘이 생겼고, 잘 따라갔는데도 파도는 그런 나를 아주 스무스하게 내동댕이쳤다. 정해진 수순이라는 듯이.

처음에는 높이가 충분치 않아서 그런 줄 알았다. 그래서 보드와 닿는 턱밑이 빨갛게 까질 정도로 기를 쓰고 올라갔다. 그런데 어쩐 일인지 올라가려고 욕심을 낼수록 더 곤두박질쳤다. 온몸이 물수제비처럼 통통통 튀었다가 처박히길 수십 번 반복했다. 제 풀에 지쳐 보드를 끌고 나오는 나를 보며 일부러 그렇게 박히라고 해도 못 하겠다며 해변에 있는 친구들이 깔깔거렸다. 흠, 뭐가 문제인 걸까. 골똘히 생각에 잠겨 있는데, 에스더가 바다에서 나오며 말했다.

"어느 정도 됐다 싶으면 일어서서 내려와야지! 노즈 박히기 전에 일어나."

내려갈 때를 놓치면 보드의 코가 바닷속에 들어가면서 보드가 뒤집힌다. 그게 내려가야 할 때를 놓친 자의 말로다. 곤두박질. 올라갈 땐 올라가는 게 전부인 것처럼 보이지만 정작 중요한 건 잘 내려오는 것이었다.

"잘 내려가자."

바다에서도 일상에서도 그 말을 자주 되뇐다. 나는 드넓은 바다가 허락해주는 파도를 잠시 빌려 탈 뿐이고, 쉴 새 없이 변하는 미디어 환경에서 오르락내리락할 뿐이다. 기를 쓰고 올라갔다고 해도 언젠가는 내려와야 한다. 그것도 잘.

큰 파도를 타고 잘 내려오면 친구들은 흐뭇한 표정으로 "잘 내려왔어"라고 말한다. 올라가는 게 반이라면, 내려가는 것도 반이다.

파도가 나를 태워줬을 뿐

해변에 도착하면 서프보드를 들고 파도 속으로 여러 번 들어간다. 하지만 바다에 들어간다고 해서 바로 파도를 탈 수 있는 건 아니다. 안장에 올라탄 것처럼, 보드 위에 앉아서 저 먼 바다를 읽어야 한다. 파도를 알아야 파도를 잡을 수 있다. 1분도 안 되는 시간을 위해 그렇게 하염없이 기다리고 또 기다린다. 몇 시간이고 바다를 보고 있으면 파도에 대해 몇 가지 사실을 알게 된다.

첫째, 파도는 부서지면서 새로운 파도를 만든다. 무수히 반복된 파괴와 재창조의 굴레 끝에 태어난 파도가 바로 해안가에서 자주 보는 거품 파도다. 내가 기다리는 파도가 저 앞에서 부서진다면, 그로 인해 만들어질 새로운 파도를 기다리면 된다. 파도는 한번 부서졌다고 해서 절대 사라지지 않는다. 살다 보면 그때 그 기회를 잡았어야 하는데 싶은 안타까움에 발을 구를 때가 생긴다. 그럴 때는 이렇게 사라져버린 파도를 떠올린다. 놓친 파도를 잘 지켜보면 언젠가 거기서 거품과 함께 비너스처럼 새로운 파도가 생겨나니까. 그래서 서핑을 시작하고 나서는 너무 아쉬워하지 않으면서 놓쳐버린 순간을 되짚어볼 수 있게 됐다. 새로운 기회가 생겨나길 기다릴 줄 알게 됐다.

둘째, 파도가 혼자 깨끗하게 밀려오는 경우는 드물다. 대부분 파도 뒤에 파도가 바짝 붙어 연달아 몰려온다. 잘 타는 사람은 앞으로 나갈 추진력을 얻기도 하지만, 나 같은 사람은 파도 넘어 파도의 산에 부딪혀 고꾸라진다. 삶에서도 바다에서도, 어떤 사람은 위기를 기회로 삼지만 어떤 사람은 위기 한 번에 완전히 좌초된다. 하지만 위기와 기회가 함께 온다는 건 누구에게나 같다. 그걸 잊지 않으면 된다.

마지막으로, 큰 파도가 다 좋은 파도는 아니다. 멋모르고 파도의 크기만 보고 따라다닌 적이 있다. 초심자에게는 늘 크고 화려한 게 좋아 보이는 법이니까. 그런데 어쩌다 파도 위에 간신히 올라타면, 역시나 날 기다리는 건 어김없는 통돌이. 크기보다 중요한 건 파도의 모양이다. 얼마나 깨끗하게 잘 깨지느냐. 겉보기에 좋은 것과 실제로 좋은 것은 이렇게나 다르다. 그래서 나는 큰 회사, 높은 자리처럼 거대하고 반짝이는 겉모습이 눈앞에 어른거릴 때마다 결국 다 걷어내고 무엇이 남을지를 헤아려본다. 내가 정말 좋아하는 것, 하고 싶은 것, 껍데기 빼고 알맹이가 무엇인지 한 번 더 생각한다. 아무리 부푼 옷을 입고 멋지게 물을 들여도 결국 쫄딱 젖고 나면 원래의 내가 드러나기 마련이니까.

파도를 가만히 바라보고 있자면 절로 이런 생각이 떠오른다. 나는 바다를 바꿀 수 없다. 내가 잘해서 파도 위에 올라탄다는 생각은 건방지고 오만하기 짝이 없다. 파도가 잠시 나를 태워줬을 뿐, 그 이상도 이하도 아니다. 하지만 그렇다고 내가 아무것도 못하는 미개한 존재냐 하면, 그건 아니다. 노력하면 뭔가는 된다.

미칠 듯한 패들링으로 타기 힘든 파도 위에 올라탄 순간, 내가 바꿔야 할 대상은 바다가 아니라 나 자신임을 깨닫는다.

나만의 시아르가오를 찾아서

필리핀에는 파도 맛집이 있다. 시아르가오Siargao라는 작은 섬인데, 그중에서도 클라우드 나인Cloud 9은 핫한 서핑 스폿이다(클라우드 나인은 '행복의 절정'이라는 뜻이라는데 누가 지었는지 작명 센스 정말 인정). 난이도 높은 파도가 연달아 밀려드는 파도 공장인 이곳은 서퍼들이 꼭 한 번은 가고 싶어 하는 여행지다.

이 섬에 대한 이야기를 들었을 때, 문득 궁금해졌다. 도대체 이 섬에 와서 서핑을 해야겠다고 처음 마음먹은 인간이 누구일지, 도대체 무슨 생각으로 그랬는지 말이다. 비단 시아르가오만이 아니다. 서핑을 하다 보면 별의별 서핑 포인트를 다 만나게 된다. 산호초 포인트, 배를 타고 한참을 나가야 하는 원양 포인트 등을 보면 도대체 누가 이런 곳을 찾았나 혀를 내두르게 된다.

조금 알아보니, 시아르가오가 자연이 만들어낸 파도 맛집이라는 걸 찾아낸 건 지금으로부터 40여 년 전인 1980년이었다. 토니 아루자라는 쿠바계 미국인과 스티브 존스라는 호주인이 '완벽한 파도'를 찾아서 여기까지 왔고, 이후로 유명세를 타서 내 귀에까지 굴러들어온 것이다. 아, 이 멋진 사람들, 그리고 이 대책 없는 사람들.

그들의 모험심과 행동력을 생각하면 나 같은 건 저어기 발끝에도 못 미치지만, 그럼에도 나는 묘한 동질감을 느꼈다. 남들이 이미 찾아놓은 서핑 포인트 말고 새로운 바다 새로운 포인트를 찾아내는 여정이 내 인생에서도 진행 중인 것 같기 때문이다. 아주 '사서 고생'인 그 여정이.

직업 이야기가 나오면 항상 내 일을 몇 번이고 설명하는 과정이 반복된다. 디지털 저널리즘 혹은 디지털 뉴스라고 불리는 일이 그렇다. 다들 고개부터 갸우뚱거린다. 몇 개 브랜드를 말해보고 영 반응이 없으면 "그냥 유튜브 같은 데 올라가는 뉴스 만들어요. 요새 TV 많이 안 보잖아요" 하고 만다.

그런데 이렇게 일일이 각주를 붙여가며 하는 일을 설명하는 것보다 더 힘든 게 있다. 내가 일하는 디지털 미디어라는 공간은 생겨난 지 채 10년이 안 됐다. 당연히 사수도 없다. 이 공간에서 일한 지 6년이 흘렀는데, 아직도 이 바닥이 생소하기만 하다. 아무도 부딪혀본 적 없는 벽이 매일 생기고, 이걸 넘는 방법은 오로지 나 혼자 찾아내야 하고, 그 방법이 있는지 없는지조차 알 수 없어 참 막막하다. 그래서 가끔은 이미 정해진 답이 있는 일을 하고 싶다는 마음이 들기도 한다. 두 손 두 발 다 들고 '항복'을 외치고 싶을 때가 한두 번이 아니다.

그럴 때면 눈을 감고 시아르가오를 그려본다. 어떤 파도가 기다리고 있는지, 파도가 있는지 없는지조차 모른 채 무작정 그 섬으로 향하는 배에 올라탄 두 남자를 상상한다. 드넓은 바다에서 줄지어 들어오는 파도를 발견했을 때 그들은 어떤 표정을 지으며 바닷속으로 뛰어들었을까. 마음속으로 그런 풍경을 떠올리다 보면 들었던 두 손 두 발 중 한 손 정도는 내려놓을 수 있게 된다. 이 고생 끝에 언젠가 나도 그런 포인트를 찾아낼 수 있지 않을까 하면서 말이다.

하나라도 줄이자 관

Y는 학생 때도, 직장인이 된 이후에도 꾸준히 만나는 몇 안 되는 친구 중 한 명이다. 함께 언론고시를 준비했던 Y는 이제 동물실험을 하지 않는 콘돔회사에 다니고 있다. 세상에 좋은 영향력을 미치고 싶다던 그가 찾은 또 다른 길이다. 그래서인지 Y를 만나면 소재는 다르지만 예전이나 지금이나 세상에 대한 이야기를 많이 나누게 된다.

"언니, 비관론자를 이기는 게 얼마나 힘든지 알아?"

그날도 마찬가지였다. Y는 생선까지만 먹는 채식주의자다. 아주 가끔 힘들 때는 고기를 먹기도 해서 스스로를 '플렉시테리언Flexitarian'으로 소개하는데, 세상을 바꾸기 위해 자기 식단표부터 바꾸는 그를 나는 항상 대단하게 바라본다. 좀처럼 육식주의자에서 벗어나기 어려운 내가 조금 부끄럽기도 하고. 아무튼 그런 Y가 갑자기 비관론자에 대해 물었을 때 나는 어리둥절한 표정으로 그를 쳐다봤다.

"이번 비건 페스티벌에 '비관론자를 이기시오'라는 코너가 있었거든. 예를 들어 플라스틱 쓰레기 줄이기가 주제라면, 내 맞은편에 앉은 운영자가 비관론자 역할을 하는 거야. 나는 그 사람을 설득해야 하고."

세상 제일가는 팔랑 귀를 설득하기도 쉽지 않은데, 비관론자를 설득해야 한다니. 생각만 해도 머리에 쥐가 날 것 같았다.

"근데 그 사람이 진짜 비관론자처럼 '난 네가 무슨 말을 할지 다 알고, 그거 다 의미 없어'라는 뉘앙스로 얘기를 하는데 너무 막막한 거야. 쓰레기 줄이는 건 당연한 일인데, 이 사람이 그게 왜 당연하냐고 물으니까 말문이 턱 막히더라고. 사실 나 그렇게 운동가도 아니잖아. 근데 그 사람이 그렇게 나오니까 마치 이걸 안 하면 큰일 나는 것처럼 내가 막 강경하게 얘기하게 되더라니까. 얼굴까지 시뻘개져서는."

Y는 그 순간을 떠올리면 여전히 분이 나는지, 손가락으로 탁자를 툭툭 두드렸다.

"언니라면 뭐라고 했을 것 같아? 언니는 웬만하면 빨대 안 쓰고, 테이크아웃 잔에 안 먹잖아."

그렇긴 해도, 딱히 마땅한 대답이 떠오르진 않았다. 몇 번을 생각해도 머릿속이 백지장처럼 새하얬다. 그게 얼마나 찝찝했던지 그날 이후 이 질문이 마치 옷에 묻은 고양이 털처럼 좀처럼 떨어질 기미 없이 내게 붙어 다녔다(고양이 털이 얼마나 강적인지는 집사라면 다 아는 사실. 돌돌이질을 몇 번이나 해도 왜 꼭 어딘가에는 털이 남아 있는가).

비관론자를 포함한 전체 대중을 상대로 설득을 시도한 적은 있다. MBC에서 일할 때였다. 빨대를 쓰지 말아야 하는 이유를 담은 콘텐츠를 만들었는데 우리가 버린 빨대가 돌고 돌아 거북이 코에 깊게 박힌 영상이 들어갔었다. 보고 또 봐도 거북이가 아파하는 게 느껴져서 절로 미간이 찌푸려졌다. '빨대 그만 쓰자', '거북이 불쌍해ㅠㅠ' 같은 수많은 댓글과 함께 널리 바이럴이 됐는데, 우연의 일치로 그 후 정부가 테이크아웃 잔을 카페 안에서 쓰지 못하도록 강제하고, 스타벅스 같은 카페에서 종이 빨대를 도입하기 시작했다. 하지만 그런 변화 속에서도 '어차피 내가 안 써도 남들이 쓰는데, 뭐' 하는 비관주의자들을 곳곳에서 만났다. 그들을 어떻게 설득할 수 있을까. 도무지 답이 나오지 않았다.

그런데 비관이라면 나도 한 비관하지 않나? 어릴 때부터 염세주의자, 회의주의자, 비관주의자라는 말을 듣곤 했으니까. 그런 내가 어떻게 쓰레기에 한해서만큼은 비관론에서 벗어나게 됐더라?

기억을 더듬다 보니 어렴풋하게나마 관심을 갖게 된 건 바다 수영을 시작했던 2015년부터였다. 우리나라에서든 해외에서든 수영을 하다 보면 손이나 발에 꼭 뭔가가 달라붙었는데, 처음에는 해파리인 줄 알고 기겁을 했더랬다. 그런데 잡아당겨서 꺼내보면 흐느적거리는 슈퍼마켓 비닐봉지가 나를 향해 손을 흔들었다. 비닐봉지만이 아니다. 과자 봉지, 선물 포장지, 테이프…… 종류도 다양했다.

가족 여행으로 오키나와에 가서 스쿠버다이빙을 했을 때는 더 가관이었다. 바위 틈 사이에서 우리나라 된장 용기 뚜껑을 발견했는데, 그걸 들고 해변으로 나왔을 때 모두들 눈이 두 배는 커진 표정으로 서로를 바라봤었다. 오키나와에서 버려진 건지 아니면 한국에서 여기까지 흘러온 건지 모르겠지만, 후자라면 정말 끔찍한 일이라며 고개를 저었다. 어쩌면 내가 버린 건지도 모를 일이었다.

　이런 소소한 관심이 더없이 커져버린 건, 확실히 서핑을 하면서부터다. 발리는 11월부터 2월까지 우기이기 때문에 덥고 습한 날씨가 계속되는 데다 바람의 방향도 변해서 서쪽 바다에서는 파도를 타기가 어렵다. 파도도 파도지만 바다에 산더미처럼 밀려 들어오는 쓰레기가 더 문제다. 마치 전 세계의 쓰레기 하치장이 발리의 서쪽인 양 파도가 끊임없이 쓰레기를 운반해온다. 종류도 다양해서 비닐은 물론이고 페트병부터 큰 스티로폼, 가구 부속품처럼 보이는 나뭇조각까지 들어온다. 한번은 텐트를 본 적도 있다.

　거기서 끝이 아니다. 쓰레기 바다에서 서핑을 하고 온 날이면 밤마다 온몸에 빨간 발진이 올라왔다. 처음엔 뭘 잘못 먹었나 싶어 알레르기약도 먹어보고 얼음도 대보고 연고도 발라보고 바람도 쐐보고, 별 방법을 다 써봤는데 가라앉기는커녕 더 크게, 더 넓게, 더 많이 올라오는 발진 때문에 얼마나 고생을 했는지 모른다. 그런데 서핑을 하루 쉬자, 그날 밤 내 몸을 계속 괴롭히던 발진이 감쪽같이 사라졌다.

　그러니까 나는 쓰레기가 내 눈앞에 산더미처럼 모습을 드러내고, 심지어 그 때문에 내 몸에 이상이 생기고 나서야 쓰레기를 줄여야겠다고 생각한 것이다. 긴 생각이 여기에 이르렀을 때, 나는 비관주의자를 설득할 방법을 찾은 것 같았다.

다시 Y를 만났을 때 나는 이렇게 말했다.

"나 비관주의자를 설득할 수 있을 것 같아. 쓰레기를 줄이자는 말 대신 같이 서핑을 하자고 해야겠어. 그게 더 빠를 것 같아."

"서핑을 하면 달라져?"

Y가 미심쩍은 표정으로, 서핑에 미친 사람이 하는 말이 다 그렇지 하는 눈빛으로 물었다.

"백 퍼센트, 천 퍼센트, 만 퍼센트 달라져. 파도를 타는데 내 주변에 페트병이 어마어마하게 떠 다니는 모습을 보잖아? 그래서 몸이 아프잖아? 그러면 비관이고 낙관이고를 떠나서 '하나라도 줄이자' 관이 생기거든."

3장

파도가

우리를 밀어줄 거야

"좋지 않은 하루를 보내고 있다면,
파도를 잡아타세요."

– 프로스티 해슨 서핑 영화 <체이싱 메버릭스>의 실존 인물

If you're having a bad day,
Catch a wave.

– Frosty Hesson

꿈도 없는 꿀잠

"그게 그렇게 좋아? 재밌어?"

친구들은 묻는다. 엄마도 아빠도 묻는다. 가끔은 나조차도 나에게 묻는다. 뭐가 그렇게 좋아서 서핑 하는 꿈까지 꾸면서 허공에 패들링을 하다가 잠에서 깨고, 힘들다는 친구한테 서핑 얘기로 답을 하고, 행복하다는 친구에게도 서핑 얘기로 말을 건네는지. 도대체 서핑이 내게 뭔지.

물론 서핑을 하면 즐겁고 스릴 있고 시간 가는 줄 모르지만, 그게 답이 될 순 없다. 그건 서핑만이 주는 뭔가가 아니다. 오히려 차가 쌩쌩 달리는 한강 다리를 자전거로 건널 때가 더 스릴 있고, 게임을 할 때 더 즐거우며, 시간은 일할 때 더 빨리 가니까. 서핑은 내게 그보다 더 근원적이고 근본적인 뭔가를 줬다.

그건 바로 위로였다.

사실 나는 위로와는 아주 거리가 먼 인간이었다. 당근 보다는 채찍 주의자였고, 스스로에게 가혹하게 굴곤 했다. 못하면 잘하라고 짝, 잘하면 더 잘하라고 짝. 힘들면 힘들 어한다고 윽박질렀고, 지치면 지쳤다고 스스로를 탓했다. 그렇게 살아야만 잘 사는 건 줄 알았다. 위로라니, 그런 몰 랑몰랑한 말은 기운을 빠지게 할 뿐이다.

바쁘게 움직이며 나를 설명할 소속 하나를 더 만들고, 아는 사람을 한 명이라도 더 늘리는 게 제대로 사는 삶인 줄로만 알았다. 대학교 신입생 때는 리더십 클럽, 토론 동 아리, 영상제작 동아리 등 동아리 활동을 일곱 개나 했다. 아침 점심 저녁으로 약속을 잡았고, 밥 먹는 약속 사이사 이에도 차를 마시는 다른 약속을 끼워 넣었다. 토익은 최 소 900점, 한국어능력시험은 1급을 받아야 한다고 생각했 고, 방학 때마다 경험을 쌓겠다며 프로덕션 조연출 생활을 했다. 인턴십이나 대학생 기자단 활동도 했다. 지금 돌아 보면 스스로가 좀 짠하기도 하지만 그때는 그게 나의 자부 심이자 자랑거리였다.

"어떻게 그렇게 사냐, 진짜?"

친구들은 혀를 내둘렀지만 나는 오히려 친구들이 이상하게만 보였다. 그런데 사는 게 내 마음대로 되지 않고 삐걱거리면서부터 문제가 시작됐다. 나는 분명 졸업과 동시에 취업을 하고, 피디가 되어 좋은 프로그램을 만드는 미래를 꿈꿨는데, 현실은 정반대였다. 탈락 메일만 쌓여가는 취준생, 그게 세상이 내준 내 자리였다. 이번엔 되겠지, 내년엔 괜찮겠지, 좋은 날이 오겠지, 스스로를 다독이면서 2년이 흘렀다. 그리고 불면이 찾아왔다.

자고 있든 깨어 있든 가만히 있을 수가 없었다. 날이 갈수록 날 지원해주는 부모님에게 미안해졌다. 심지어는 꿈을 가진 게 죄 같다는 생각까지 들었다. 커피를 많이 마신 것처럼 밤마다 심장이 쿵쾅거렸고, 등에서는 식은땀이 났다. 한참을 뒤척거리다가 간신히 잠들면 절벽에서 떨어지거나 뱀이 쫓아오는 꿈을 꿨다.

지금껏 잘못 살아왔다는 느낌이 나를 휘감았다. 컴퓨터처럼 내 삶을 리셋하고 싶었다. 하지만 로그아웃할 수 없는 삶에서는 온라인 상태 그대로 오류를 찾아 해결하는 수밖에 없다. 서핑은 그런 내 삶에 투입된 백신 같은 존재였다.

발리에 도착해 바다에 들어갔을 때, 터질 듯 굴러가던 머리가 멈췄다. 바다에서 드는 생각은 단순 그 자체였다. '물 먹고 싶지 않아.' 복잡한 생각이 끼어들 틈이 없었다. 오랜만에 머릿속이 잔잔해졌다. 바닷속에 들어갔다 나오면 복잡하기만 할 뿐 해결책도 없는 쓸데없는 고민은 싹 사라지고 정말 중요한 문제만 남았다.

조금 실력이 붙자 바다 위에 같이 떠 있는 사람들이 눈에 들어왔다. 차트상에 파도가 전혀 없을 때에도 서퍼들은 종종 바다로 나갔는데, 그때 하는 행동을 보면 다들 그렇게 시답잖을 수가 없다. 누구는 벌렁 누워 있고, 누구는 다이빙을 하고, 물구나무를 서는 사람이 있는가 하면, 손나팔을 만들어 불면 없던 파도가 생긴다면서 뿌뿌거리기도 했다. 그리고 다른 사람이 파도를 잡으면 꼭 자기가 탄 것처럼 환호하며 기뻐해줬다.

그 사이에 있으면 아무것도 하지 않고 가만히 있어도 죄책감이 들지 않았다. 바다에 떠 있는 것만으로 충분한 기분이 들었다. 내가 파도를 쫓지, 쫓기지는 않았다. 잘 타든 못 타든 항상 잘하지 않아도 좋았다. 힘들면 힘든 대로 지치면 지친 대로 그 상황에 몸을 맡겨도 됐다. 그리고 그렇게 바다에서 숙소로 돌아온 나는 언제 잠들었는지도 모르게 꿀잠을 잤다. 퀭한 눈 대신 반짝이는 눈으로 파도를 기다리게 됐다.

서핑을 하고 나서 다시 시작된 삶은 이전과 다를 것 하나 없었지만 나는 확실히 조금 더 잘 자고, 조금 더 편안해졌다. 삶은 그대로였지만 그 삶을 사는 나는 분명 달라졌기에.

"그게 그렇게 좋아?"

그래서 나는 그 질문에 종종 이렇게 대답한다.

"응, 없으면 못 살 정도로."

팍팍하고 어수선한 세상을 살아가는 우리 모두에겐 위로가 필요하다. 나는 그 위로를 서핑에서 찾았다.

서핑 하는 언니들

바다에는 언니들이 많아서 좋다. 수영, 농구, 스쿼시 등 그동안 내가 주로 해왔던 운동에서는 볼 수 없는 모습이다. 그래서 바다 위 다양한 국적의 여자 서퍼를 볼 때마다 한편으로는 감동스럽고 또 한편으로는 안도감이 든다. 이제라도 바다 위에서 운동하는 여자들을 만날 수 있어서 참 다행이다.

아주 어릴 때부터 농구를 좋아했다. 줄곧 140센티였던 내가 고등학교에 들어가자마자 170센티를 넘길 수 있었던 것도 유전과 농구 덕분이라고 생각한다. 내가 다닌 외국어고등학교에는 과마다 여자 농구팀이 있었는데, 키가 큰 나는 센터를 맡았다. 매주 수요일에는 여자 농구 과대 항전이 열렸는데 남자 배구보다 훨씬 인기가 많았다. 중국어과 센터로 3년을 살면서 내가 가장 좋아하는 운동은 단연 농구였고, 앞으로도 응당 그럴 줄로만 알았다.

그런데 대학교에 가자마자 나는 유니폼을 벗어야 했다. 농구 동아리에 여자는 선수가 아닌 매니저로만 가입할 수 있다고 했다. 여태 내 세계에서는 겪어보지 못한 일이었다. 취미로라도 농구를 하고 싶었지만 모두들 여자가 농구하는 건 처음 본다고 했다. 실제로 주변에 농구를 하는 여자는 아무도 없었다. 몇 번 남자 친구들이 머릿수가 부족할 때 나를 끼워주긴 했지만, 그렇게는 농구 생활을 이어갈 수 없었다.

농구 동아리만이 아니다. 내가 다닌 학교는 매년 다른 학교와 연합체육대회를 열었는데 대표로 선발된 선수들이 축구, 농구, 야구, 아이스하키, 럭비 총 다섯 개 종목에서 치열하게 우위를 가른다. 내가 입학하고 졸업할 때까지 그 체육대회에 선발된 선수 가운데 여자는 단 한 명도 없었다. 운동장에서 찾아볼 수 있는 여자라고는 번쩍거리는 치마를 입은 응원단원뿐이었다. 아니면 경기 시작 전후에 나타나는 아이돌이거나.

운동을 보는 것보다 하는 걸 좋아하는 내게 모두들 입을 모아 그건 내 역할이 아니라고 말하는 것 같았다. 라켓보다는 응원봉을, 유니폼보단 매니저 수첩을 쥐어 주는 세상을 이해할 수 없어 난감했다.

스쿼시를 배울 때도 당혹스러운 일이 이어졌다. 시작한 지 6개월 정도 됐을 때, 한 남자 코치가 내게 게임을 제안했다. 꽤 빠른 속도로 배워가고 있는 나를 테스트해보고 싶다면서 말이다. 그는 자신만만한 표정으로 내가 1점만 내면 이긴 걸로 해주겠다고 했는데, 오기가 팍 생겼다(아무리 자기가 프로로 활동까지 했던 스쿼시 선수고, 나는 고작 6개월 배운 스쿼시 새싹이라지만 그런 거만한 표정을 지을 건 또 뭡니까). 그깟 1점, 따내고 말 테다.

셀 수 없는 핑퐁게임이었다. 강사는 능숙하게 나를 가지고 놀았다. 허벅지가 후들거리고 숨도 제대로 못 쉴 것 같았다. 그런데 그때, 나는 나조차도 예상 못 한 순간에 드롭샷을 날렸다. 당연히 내가 공을 뒤로 보낼 거라고 생각한 강사는 '어-어?' 하는 소리와 운동화 마찰음을 내며 앞으로 몸을 날렸다. 앞 벽을 맞은 공이 천천히 떨어져 마침내 툭 하는 소리와 함께 바닥에 닿았을 때 나는 쓰러지며 괴성을 질렀다. 이겼다! 이겼다!!

경기를 지켜보던 사람들도 같이 소리를 질렀다. 손도 발도 내 것이 아닌 것처럼 후들거렸다. 그런데 그때 저 앞에서 공을 주운 강사가 이렇게 중얼거렸다.

"아, 여자한테 1점 먹었네."

이거구나. 그제야 이 사람이 1점 게임을 제안한 이유를 제대로 알았다. 단순히 6개월 차 신참내기여서가 아니라 6개월밖에 안 배운 여자였기 때문이라는 걸. 그리고 그가 자존심이 상했던 포인트도 초보한테 져서가 아니라 여자한테 져서라는 걸. 그 시합에서 얻은 점수는 여러모로 내 평생 잊지 못할 1점이 됐다.

그 후 나는 누군가와 함께하는 운동에서 마음을 뗐다. 요가, 필라테스, 재즈댄스, 헬스. 같은 공간에 많은 사람이 있어도, 교류는 없이 혼자 할 수 있는 운동을 시작했다. 서핑도 그중 하나였다. 바다에 아무리 많은 서퍼가 있어도 파도를 같이 타는 건 아니니까. 그런데 막상 해보니 서핑은 혼자 하는 운동이 전혀 아니었다. 혼자 하는 것 같지만 같이 하는 오묘한 운동이었다.

억 소리 나게 큰 덤프성 파도가 몰려오면 언니들은 아직 초보였던 내게 걱정을 담뿍 담아 소리를 질렀다.

"패들아웃 해! 패들아웃!"

글라시하게 딱 타기 좋은 파도가 들어올 때도 마찬가지.

"네 거야! 패들해! 잡아! 패들! 패들!"

그 소리는 마치 컬링 경기의 '영미!' 같았다.

"영미! 영미!"

그 '영미' 소리는 때에 따라 응원도 되고 코칭도 되고, 때론 위로도 되었다. 내가 열심히 했는데 파도를 못 잡았을 때 언니들은 안타까운 탄식을 내질렀고, 마침내 파도를 잡아냈을 때는 기쁨의 환호성을 질러주었다.

이 글을 쓰는 지금도 바다에 가고 싶다. 서핑 하는 언니들이 있는 그 바다에.

역시 재밌었지?

서핑 하는 언니들 중에서도 에스더는 내게 가장 큰 사람이다. 발리에 있는 나의 선생님. 그날 바다가 좋았든 안좋았든, 파도를 많이 잡았든 아예 못 잡았든, 서핑이 끝나면 에스더는 항상 이렇게 말한다.

"재밌었지?"

에스더를 떠올리면 항상 그 말이 따라다닌다. 파도에몰두했으면 그걸로 됐다는 말. 어쩌면 서퍼에게 가장 필요한 자세인지도 모른다. 에스더는 10년이 넘는 시간을 바다와 부딪히며 많은 것을 나보다 먼저 배웠다.

언니도 나처럼, 한국에서의 삶이 너무 힘들고 지쳤을때 자신의 삶을 찾아 발리에 왔다고 했다. 오자마자 겁도

없이 보드를 사고, 상어가 있는 바다에 뛰어들 정도로 도
전적이었다. 그렇게 알게 된 서핑이, 발리가 너무 좋아서
수십 번 발리를 오가던 언니는 매번 한국으로 돌아가는 비
행기에 오르기 전에 발리로 가는 비행기표를 끊었다고 했
다. 그래야 마음이 조금 편했다고. 언니가 잘나가던 일산
카페를 정리하고 발리에 살게 된 건 그때부터 예정된 일이
었는지도 모른다.

내게 에스더는 바다에서나 바다 밖에서나 멋진 사람이
다. 무작정 바다에 뛰어드는 도전정신, 끊임없이 방향을
틀어가며 살길을 찾아나가는 실행력, 남의 기준이 아니라
자신에게 진짜 좋은 삶을 고민하는 진지함……. 에스더에
게는 배울 점이 참 많았다. 그래서 취준, 퇴사, 이직 같은
이유로 내 삶이 흔들릴 때면 더욱더 에스더가 있는 발리
바다를 찾았다.

MBC에서 JTBC로 회사를 옮길 때도 마찬가지였다. 사
실 MBC는 피디가 되고 싶다는 마음을 먹었을 때부터 들
어가고 싶던 꿈의 방송국이었다. 프리랜서 직이긴 했지만
처음 MBC에 들어갔을 때만 해도 이게 꿈인지 현실인지
어안이 벙벙했다.

그렇게 MBC에 들어간 지 반년이 조금 넘었을 때 JTBC로 이직할 기회가 생겼다. 본사 정규직 피디 자리였다. 모두들 고민할 필요도 없는 일이라고 했다. 방송국에 정규직, 그것도 본사 피디로 들어가기가 얼마나 어려운지 잘 알지 않느냐고 입을 모았다. 물론 잘 알지. 그걸 나보다 잘 아는 사람이 있을까. 그러면서도 명쾌한 답을 내릴 수가 없었다.

MBC에서는 디지털 팀을 내가 직접 꾸릴 수 있었다. 프리랜서로 이뤄진 팀이긴 했지만, 사람은 쓰고 싶은데 책임은 지기 싫을 때 방송국에서 흔히 시행하는 채용 방식은 아니었다. 나와 합이 맞는 사람들과 머리를 맞대고 일하는 경험은 그 어디에서도 쉽게 얻을 수 없을 만큼 소중했다. 당시 만들고 있던 '14F'라는 뉴스 브랜드에 대한 애정도 컸다. 내 머리 아파 낳은 둘째 자식이었으니까.

그래서 해변에 앉아 있을 때도 바다에 들어가 있을 때도, 줄곧 무엇이 나를 위한 선택일지 고민했다. 매번 크게 한숨을 쉬는 나를 지켜본 에스더가 내가 떠날 때 쪽지를 하나 건넸다.

거기서 일하면서 재밌었지? 네 앞에 얼마나 큰 파도가 오는지 모르겠지만 넘어가야 좋은 세트가 들어오는 거 알잖아. 잘 넘어갈 거야. 그때 또 재미있게 같이 파도 타자.

비행기 안에서 쪽지를 읽는데 코가 시큰거렸다. 에스더 말대로 아쉬움이 큰 만큼 그 시간은 참 재미있었다. 매일매일 뉴스 브리핑 형식으로 콘텐츠를 만들어보는 것도, 없을지도 모른다고 생각한 수요를 찾아낸 것도 처음이었다. 이 브랜드가 사람들에게 어떻게 인지되면 좋겠는지 생각하고 실천해나가는 과정은 정말 재미있었다.

그래, 이거면 된 거지. 나는 그 자리를 지나갈 뿐이지만, 일을 하면서 얻은 경험, 동료 그리고 재미는 분명 내 것이니까.

그래서 잘 타?

살아가는 일은 평가받는 일의 연속이다. 학교 다닐 때는 내신등급, 대학교 들어갈 때는 수능등급, 회사에 들어가니 이제 업무등급이 매겨진다. 거참, 지긋지긋하기도 하지. 그런데 희한한 건 나 스스로도 평가에서 자유롭지가 않다는 것이다(네네, 저도 어쩔 수 없는 '인정충'인 거 인정). 그래서 적어도 내가 하고 싶어서 하는 취미활동에서만큼은 평가에서 벗어나려고 한다. 남의 평가든 나의 평가든.

그림 그리기는 남들이 어떻게 보든 스스로의 만족을 위해 해본 첫 취미활동이다. 혼자서 석 달 유럽 여행을 다닐 때에는 정말 그림 그리기에 푹 빠졌었다. 여행의 모토가

'손으로 기억할 것'이었을 정도로. 에펠탑 같은 랜드마크
도 그렸지만 관광명소나 유적지가 아닌 곳을 더 많이 그
렸다. 음식이 무척 맛있었던 카페, 위안을 줬던 나무처럼
내게 의미 있는 거라면 몇 시간이고 죽치고 앉아 그렸다.

스페인 마드리드에 있는 레이나소피아 미술관에 있는
피카소의 〈게르니카〉도 마찬가지였다. 당시 내게 〈게르니
카〉는 굉장히 의미가 큰 작품이었는데, 3년간 우리나라의
상황이 혐오의 미사일과 배제의 총알이 날아다니는 전쟁
터 같았기 때문이다. 수백 명의 학생이 죽어가는 광경이, 다
시는 그런 일이 생기지 않도록 하자는 목소리가 처참히 무
시되는 순간을, 가슴 아픈 일을 당한 사람을 위로하기는커
녕 비하하는 모습을 지켜보는 건 아득한 일이었다. 하필 왜
이 시기에 보도국에서 일하게 됐는지, 스스로가 원망스러
울 지경이었다. 〈게르니카〉는 이런 사건이 모습만 달리했
을 뿐 인간에게 반복돼온 역사고, 그래도 그 절망스러운 순
간을 지나며 조금이나마 더 나은 길을 찾아오지 않았느냐
는 위안을 주는 작품이었다. 마드리드를 찾은 건 오직 〈게
르니카〉를 보기 위해서였다.

처음부터 〈게르니카〉를 그리려던 생각은 아니었다. 그
런데 레이나소피아 미술관에선 〈게르니카〉 촬영을 금지

하고 있었다. 나중에 이걸 더 잘 기억하려면 그려야겠다는 생각이 퍼뜩 들어서 급하게 펜을 꺼내들었다. 〈게르니카〉를 보려는 사람이 무척 많았기 때문에 방해되지 않게 제일 뒤쪽에 서서 그림을 그리기 시작했다. 한 시간쯤 지났을까, 미술관 직원이 내 어깨를 두드리며 앞을 가리켰다.

"앞에 앉아서 그려도 괜찮아."

그림 그리는 것도 안 되는 건가 싶어서 움찔했는데, 직원의 표정은 무척 친절했고 말투는 다정했다. 나는 고개를 끄덕이고 가장 앞줄에 앉아 그림을 그리기 시작했다. 그 뒤로 많은 사람들이 지나갔다. 사람들은 〈게르니카〉를 보고 지나가면서, 어깨 너머로 내 그림도 지켜봤다. 그림을 찍어가도 되느냐고 묻는 사람도 있었다. 그런데 그때 조용하지만 선명한 우리나라 말이 들렸다.

"저 사람 그림 그린다, 잘 그려?"

그들은 내가 한국 사람인 줄은 꿈에도 모르고 한참을 뒤에서 내 그림에 대해 품평하다가 사라졌다. 처음에는 화가 났고, 나중에는 슬펐고, 마지막에는 부끄러웠다. 나를 위한 나만의 그림을 왜 평가하는지 이해가 안 되면서도 한편으로는 이해가 갔다. 〈게르니카〉 앞에서도 어김없이 평가의 저울질이 행해진다는 게 마음 아팠다. 그리고 나 또

154

한 예외는 아니었을 거라는 생각에 낯이 뜨거웠다.

　나는 여전히 그림을 많이 그린다. 서핑 하러 발리에 가서도 드로잉북 하나를 가득 채워 돌아온다. 발리와 서핑의 흔적이 그렇게 그림으로, 글로, 사진이나 영상으로 차곡차곡 쌓여가고 있다. 사람들은 그걸 보고 묻는다.

　"그래서 잘 타?"

　예전이었다면 내가 잘 타고 못 타는 게 뭐 그리 중요하냐고, 그게 무슨 의미가 있느냐고 되물었을 테다. 그런데 이제 그런 말 하나하나에 발끈하지 않을 정도의 여유는 생긴 것 같다. 그래서 빙긋 웃으며 이렇게 말한다.

　"응! 그럼, 완전 잘 타지."

　남의 시선, 남의 평가에 신경 쓴다는 것 자체가 나 역시 거기서 한 치도 벗어나지 못했다는 증거니까. 이제 내가 부여한 의미에 가치를 두기로 결정했으니까. 그 기준에 따르면 나는 세상에서 제일 잘 탄다.

버티는 것도 능력

디지털 미디어는 TV와 달리 대중의 피드백이 아주 투명하다(지나치게 투명하다). 조회 수, 좋아요, 싫어요, 화면 지속시간, 완청률 등등. 피드백을 시시각각 직접적으로 받을 수 있는 건 장점이지만, 가슴을 후벼 파는 상처가 남는다는 단점이 있다. 하지만 뭐니 뭐니 해도 무관심을 따를 상처는 없다. 무플이 악플보다 무섭다는 말이 괜히 나온 게 아니다. 디지털이라는 드넓은 바다에서 '퐁당' 정도의 관심도 못 얻을 때면 기운이 쏙 빠진다. 열심히 만든 콘텐츠가 조회 수 1,000도 넘지 못한 날이면 스스로에 대한 의심과 자책이 밀물처럼 밀려온다. 그럴 때면 괜스레 엄마를 찾게 된다.

"여보세요"

여보세요, 네 글자뿐인데도 엄마 목소리를 들으니 귓가가 뜨거워지고 눈이 시큰하다. 안부 전화인 것처럼 주저리주저리 말을 늘어놓으면, 엄마는 귀신같이 묻는다.

"무슨 일 있었어?"

"엄마 나 진짜 못난 거 같아. 너무 무능력해."

"⋯⋯민영아. 왜 '능력 좋다'는 말보다 능력 있다는 말이 더 많이 쓰이는지 알아?"

미주알고주알 말하지 않아도 엄마는 내 말을 참 찰떡같이도 알아듣는다. 뜬금없는 말에 기가 막히게 늘 필요한 대답을 해주신다.

"사회생활 30년 넘게 해보니까, 사회는 너무 넓어서 또 너무 다양해서, 어떤 능력을 더 좋다 덜 좋다 판단하지 않더라고. 네가 스스로 느끼기에 아무리 못나고 부족한 것 같아도 너는 지금 그 순간을 버텨내고 있잖아. 엄마는 그것만 해도 네가 능력 있다고 생각해."

버티는 것도 능력이라는 엄마의 이 말을 가슴속에 새기고 있다. 마음이 흔들릴 때마다 꺼내 먹으려고.

엄마의 말은 바다에서도 유용하다. 바다에서도 파도를

잘 타는 것만큼이나 버티는 게 중요하다. 바다는 파도를 세트메뉴처럼 내주는데, 실제로 큰 파도가 줄지어 서너 개씩 연달아 들어오는 것을 두고 "세트 들어온다"고 말한다. 이때 파도를 잡기 좋은 위치에 있다면 참 행복하겠지만, 라인업에 들어가는 중이라면 얘기가 달라진다. 큰 파도가 내 앞에서, 내 위에서 깨지면 그저 물을 먹는 것 정도로는 끝나지 않는다.

먼저 깨진 파도가 라인업에 들어가려는 나를 강력한 힘으로 밀어낸다. 팔이 저릴 정도로 패들링 해서 기껏 10만큼 갔는데 파도를 맞고 9만큼 밀려나기도 하고, 심지어 고작 1만큼 갔는데 100만큼 밀려날 때도 있다. 파도가 내 위에서 깨질 때는 더 비극이다. 운이 좋아서 보드로 파도를 뚫고 가면 다행이지만, 이럴 땐 보통 보드를 던지고 머리를 감싼 채 바닷속으로 들어가곤 한다. 런드리를 당하다가 바닥 한 번 찍고 나와서 간신히 숨을 몰아쉬는데, 막 깨지려는 파도와 다시 눈이 마주친다. 여기가 파도 지옥이로구나 싶은 생각이 절로 든다.

파도 지옥을 몇 번 겪고 나면 오기 반, 포기 반의 마음 상태가 된다. 그냥 포기하고 거품 타고 나갈까? 지금 나가면 이 짓을 반복해야 하는데? 이렇게 갈팡질팡하면서 끊어질 듯한 숨을 내쉬며 몇 개의 파도를 보내고 나면 갑자기 바다가 잔잔해진다.

이때를 기다리면서 짠물을 눈, 코, 입으로 들이켜며 버티는 것이다. 지금이 방해 없이 라인업으로 나갈 기회다. 젖은 머리카락이 얼굴에 붙어 앞이 보이지 않는데도 황급히 보드에 올라탄다. 세차게 팔을 돌린다. 어깻죽지에 감각이 없어질 정도지만 이런 고통은 지옥의 파도 세트에 비하면 아무것도 아니다. 마침내 라인업에 도착하면 비로소 숨을 제대로 쉴 수 있다. 그 이후에 들어오는 글라시한 파도를 보면 눈물이 찔끔 난다. 내가 여기에 오려고, 저걸 보려고, 저걸 타려고, 그렇게 버텨냈지. 아직 파도를 타지 않았대도 여기까지 왔다면 이미 반은 해낸 셈이다.

파도를 타려면 라인업에 나가야 하고, 라인업에 나가려면 지옥에서 온 파도 세트를 뚫어야 하고, 세트를 뚫으려면 버텨내야 한다. 버티는 것도 능력이다. 서퍼라면 반드시 가지고 있어야 할, 아주 중요하고 큰 능력.

숨만 쉬어도 떠 있습니다?

알에서 깬 거북이 무리에서 제일 뒤에 있는 거북이는 새나 도마뱀에게 잡아먹힌다고 한다. 적자생존의 세계에서 기준 미달의 존재는 그렇게 사라진다. 타고나길 그런 건지, 세상이 이렇게 만든 건지 모르겠지만 나는 성격이 꽤 급한 편이다. 그래서 한다고 하는데도 늘 제자리인 것만 같을 때는 어쩔 수 없이 마음이 들볶인다. 가끔은 부족하고 느린 새끼 거북이와 스스로를 동일시하기도 했다.

보도국 연 기자는 전화영어를 한다는데, 인사팀 황 대리는 가죽공예를 배운다는데……. 프리랜서로 일할 때 나는 일하거나 영어 뉴스를 듣거나 스터디를 하면서 이직을 준비하는 것 말고도 끊임없이 뭔가를 해야 한다는 압박감에 숨이 막혔다.

그런 압박감에 밤을 새다가 간신히 잠이 들면, 또 큰 뱀이 쫓아오는 꿈을 꾼다. 당장이라도 한 입에 나를 꿀꺽 삼킬 것 같은 큰 뱀이, 코끝으로 나를 툭툭 밀면서 겁을 준다. 이 꿈을 얼마나 자주 꿨는지, 처음에는 엉엉 울면서 도망쳤다가 나중에는 악도 써봤다가 마지막에는 그냥 날 삼켜라 하면서 포기도 해봤다. (뱀이 나오는 꿈 해몽을 찾아보니, 눈앞에서 피하지 않는다면 길몽이고, 뱀이 달려드는데 따돌렸다면 다 잡은 운을 놓친 거나 마찬가지란다. 그랬구나, 그랬어. 계속된 탈락은 그래서였나!)

어느 날 도망치다 포기하고 딱 멈춰 서자 큰 뱀이 고개를 갸우뚱거리며 말했다.

"내가 달리라고 했어? 네가 달린 거잖아. 왜 내가 달리게 한 것처럼 굴어?"

어? 그러게? 꿈속이지만 그 말이 백번 맞다는 생각이 들었다. 그리고 잠에서 깨어나니 언젠가 읽었던 《니체의 말》 속 한 구절이 머릿속에 맴돌았다. 독립적으로 자유롭게 살아가려면 돈도, 쾌적한 주거도, 건강하고 풍성한 식사도 필요하지만, 도를 넘으면 오히려 소유욕의 노예가 돼버린다는 이야기. "인생이란 것이 끝없이 많이 소유하는 경쟁을 위해서 주어진 시간일 리 없다"는 그 말을 떠올리며 그동안 나의 종종거림과 불안함과 조급증이 딱 그 꼴이었을지도 모른다고 생각했다. 쉴 새 없이 달리게 만들었던 건 다른 누구도 아닌 나였다. 그렇게 생각하니 조금 마음이 편해졌다. 내가 만든 거라면 내가 없앨 수도 있을 테니까.

　나도 모르게 강퍅해지고 조급해질 때는 서핑이 좋은 약이 되어준다. 바다에 나가 보드 위에 가만히 누워 있으면 "아, 너무 좋다"라는 말이 절로 나온다. 가만히 있어도 좋다. 날이 좋아도 좋고, 날이 흐려도 좋다. 파도를 타지 않아도 좋다. 보드에 등을 대고 하늘을 보고 있으면, 이 세상에 바다와 하늘과 오로지 나만 존재하는 듯한 기분이 든다. 귓가엔 찰랑이는 물소리가 들리고, 등을 적시는 바닷물은 시원한데 몸에 쏟아지는 햇볕은 따사롭다. 겨울에 따뜻한 방바닥에 엎드려 귤을 까먹으면서 창문을 열어놓은 것처럼 포근하면서도 상쾌하다.

　바다가 잔잔한 날 서프보드 위에 이렇게 누워 있으면 모든 걱정이 사라진다. 떠 있으려고 안간힘을 쓸 필요도 없고, 바닷물이 언제 내 얼굴을 덮칠까 신경을 곤두세우지 않아도 괜찮다. 축 늘어져 숨만 쉬어도 떠 있을 수 있다. 인간 보노보노가 된 것만 같다. 아무것도 안 해도 잘 살고 있는 것 같은 기분은 덤이다.

계속해서 뭔가를 더더더 해야 할 것만 같았던 일상은 멀리 있는 해안가처럼 아득해진다. 태양과 바람과 파도, 나를 둘러싼 모든 것이 천천히 움직인다. 바다 위에선 오히려 내 일상이 과속이라는 게 절절히 실감된다.

숨만 쉬어도 떠 있을 수 있다는 걸 이제라도 알게 되어 참 다행이다.

무릎 서퍼 니-서퍼

같이 서핑 하는 사람들은 나를 '니-서퍼', 그러니까 '무릎 서퍼'라고 부른다. 자꾸 무릎으로 파도를 타서 생긴 별명이다. 무릎 서퍼라니, 살면서 지금껏 누구한테 무릎 꿇어본 적 없건만 바다에서는 내 무릎보다 값싼 것도 없다. 이거 참, 굴욕적이다.

파도가 다가오면 빠르게 패들링 해서 몸의 속도를 파도의 속도에 맞춘 다음 두 발로 착 일어나야 파도를 제대로 잡을 수 있다. 그런데 나는 자꾸만 그 중간에 무릎으로 서 버리곤 한다. 무릎으로 파도를 잡으면 우선 당장은 안정적이지만 그다음 단계에서 바로 막혀버린다. 두 발로 서야 무게중심을 뒤에 주고 꾹 눌러 방향을 바꾸는 턴이나 보드 앞뒤를 자유롭게 걸어 다니는 워킹을 할 수 있는데, 무릎으로 타버리면 그 모든 게 불가능하기 때문이다. 이건 선 것도 아니고 안 선 것도 아닌 어정쩡한 상태로 파도를 타니 친구들이 '타고난 니-서퍼'라며 놀려댔다.

그러면 안 된다고 생각하면서도 나도 모르게 열 개 중서너 개는 꼭 무릎으로 타는 나날이 이어졌다. 이쯤 되니 처음에는 옳다구나 놀려대던 친구들도 그런 버릇이 들면 안 된다며 핀잔을 주기 시작했다. 난들 그러고 싶어서 그러겠느냐고. 나도 직립보행을 하고 싶은 인간이라고.

하루는 또 무릎으로 탈까 봐 바다에 들어가기를 망설이고 있는데, 조이가 와서 말을 걸었다. 조이는 발리에서 내 보드를 맡아주고 있는 친구다. 에스더와는 어릴 때부터 동네 친구로 가깝게 지냈고 같이 스노보드 동아리를 할 정도로 판때기 운동을 오래 한 사람이다. 조이도 발리에 사는데, 바다에서 자주 만나다 보니 자연스럽게 가까워졌다.

누가 친구 아니랄까 봐 에스더 못지않게 조이도 참 대책 없이 용감한 타입이다. 자기 키보다도 훨씬 큰 파도에 거침없이 보드를 들이밀고 남들이 다 포기하는 파도도 끝까지 따라가 잡아내고야 마는 집념의 소유자. 왕년에 비하면 별것도 아니라고는 하는데, 무릎 수술을 세 번이나 받으면서 스노보드를 꽤 오래 탄 걸 보면 예전에 어떤 모습이었을지 안 봐도 눈에 선하다.

"왜 안 들어가?"

"또 무릎으로 탈까 봐. 그럼 안 되는데 말이야. 그럴 바엔 오늘은 그냥 아예 안 타는 게 좋지 않을까 싶어서."

조이는 내 말을 잠자코 듣고 있다가 물었다.

"왜 그러면 안 돼?"

"응?"

"그래도 돼. 그러면 안 되는 건 없어. 넌 무릎으로라도 타지. 나는 처음에 엎드려뻗혀 자세로 탔다니까. 일어서려는데 도무지 두 팔이 바닥에서 떨어지질 않더라고."

설마 하니 조이가? 믿을 수가 없었다.

"다 과정이야. 하다 보면 다 돼. 그런데 지금 멈추잖아? 그게 결과가 되는 거다, 너. 지금 안 타면 니-서퍼가 네 결과인 거야. 그런데 너 니-서퍼 안 할 거잖아. 지금은 그냥 무릎으로 타는 시기구나 해. 무서워서 못 서는 걸 수도 있고, 근력이 부족해서 못 서는 걸 수도 있어. 계속 타다 보면 어느 순간 딱 두 발로 서질걸? 그때가 되면 지금이 까맣게 생각도 안 날 거야."

조이가 나를 툭툭 치며 보드를 가리켰다. 바다에 들어가자는 사인이다.

욕심 많은 성격인 나는 뭐든 남들보다 빨랐다. 동년배보다 말문도 빨리 텄고, 어릴 때부터 웬만한 어른만큼 걸음도 빨랐으며, 심지어 빠른 년생이라 학교도 빨리 들어갔다. 공부도 운동도 어느 정도는 욕심만큼 결과가 따라줬기에 나는 내가 뭐든 빨리 잘하는 줄로만 알았다. 그렇다, 서핑을 시작하기 전까지는 줄곧 그렇게 살았다.

하지만 서핑을 만나고부터 그 오만한 생각은 패대기쳐지고 나뒹굴며 박살 났다. 바다에서 나는 참 느렸다. 느려도 너무 느렸다. 그래서 잘하는 것만 하고 살아도 부족한 시간인데 못하는 것까지 굳이 잘하려고 애써야 하나 싶은 생각에 서핑을 멀리하려 했던 적도 있다. 그렇지만, 그럼에도 불구하고 서핑이 좋았다. 못해도 좋아할 수 있다는 걸 서핑을 하며 배웠다.

그리고 삶이 자꾸만 궤도를 틀어버릴 때에야 뒤늦게 '그동안 내 뜻대로만 살아온 게 말이 안 되는 것 아니었을까' 하는 깨달음이 찾아왔다. 어릴 때부터 TV 피디를 꿈꿨지만 막상 회사에 들어갈 때가 되니 TV는 시대에 뒤떨어진

레거시 미디어가 돼버렸다. 나조차도 TV를 잘 안 보는 아이러니한 상황. 그리고 정신을 차려보니 디지털 피디라는 요상한 직함을 달고 일을 하고 있다. 기존의 피디와도 다르고 그렇다고 기자도 아닌, 하지만 저널리즘을 다루는 혼돈의 포지션이다. 맨땅에 헤딩을 하고, 뭐가 뭔지 헤매고, 그러면서도 결과는 매일매일 빛의 속도로 나오는 이 일을 하며 나는 내가 얼마나 느린지 절실히 깨닫고 있다. 마음먹은 대로 해내고 싶다는 욕심과 마음대로 되지 않을 때의 답답함 사이에서 마음이 요동칠 때가 한두 번이 아니다.

그럴 때마다 나는 뻔히 엉망이 될 줄 알면서도 바다에 간다. 그곳에 가면 뭐든 빠르고 잘했던 내가 아닌, 느리고 못하는 나를 받아들일 수 있다. 나의 현재를 결과가 아닌 과정으로 만들어가는 법을 배운 곳이기에.

오랜만에 바다에 가서 서핑을 하면 첫 파도를 꼭 무릎으로 탄다. 예전에는 그런 나를 타박했는데 이젠 보드 타는 방법 안 잊었네, 하면서 나를 도닥인다. 나는 여전히 니- 서퍼다.

바다를 찾는 저마다의 이유

A에게는 공황장애가 있다. 숨 막히는 회사는 회식까지도 숨이 막혔다고 했다. 여자를 부르고, 술을 강요하고, 가만히 앉아 있는 것도 곤욕이었는데 같이하지 않는다는 이유로 왕따가 됐다. 자기 잘못이 아니라고 생각했지만, 회사만 가면 자기 잘못인 것처럼 느껴졌다. 그러다 어느 날 퇴근길에 자기는 슬로모션으로 움직이는데 세상이 너무 빨리 자기를 지나가는 것 같다고 느꼈고, 심장이 너무 빨리 뛰어 숨을 제대로 못 쉬겠더란다. 병원에서는 그걸 공황장애라고 불렀다. 회사를 그만둘 때까지 회사는 A를 약한 녀석 취급했다.

"거긴 시궁창이었어."

A가 바다를 바라보며 말했다. 파도를 타는 A의 모습을 본다면, 아가리를 벌리고 덤벼드는 파도에 보드를 밀어 넣는 장면을 본다면, 그들 누구도 A를 두고 약하다는 말을 꺼내지 못할 거라고 나는 생각했다.

B는 바다에만 들어갔다 하면 영광의 상처를 하나씩 얻어왔다. 고막이 터지기도 했고, 보드에 맞아 눈두덩이가 퉁퉁 붓고 멍들기도 했고, 심지어 머리를 꿰매기도 했다. 그런데 상처가 채 아물기도 전에 자꾸 바다에 들어가려고 했다.

"나 출근하면 진짜 아무 데도 못 갔잖아. 일이 너무 많아서 심지어 화장실도 못 갔어."

못 쓴 휴가와 휴직을 붙여 바다에 온 B는 휴직이 끝나면 퇴사를 할 거라고 했다. 화장실 갈 여유, 밥 먹을 여유도 없이 패션회사에서 밤낮 가리지 않고 일해온 B에게 적어도 바다는 자유로운 곳처럼 보였다.

"이렇게 다치는 게, 회사에서 아픈 것보다는 살 만해."

B의 웃음이 아직도 생생하다.

C는 이번에도 10년 사귄 남자친구와 헤어지지 못했다. 이렇게 미지근한 것도 사랑이라면 사랑이라며, 사랑에 대

한 정의는 저마다 다르지 않느냐고 되묻는 C를 지긋이 바
라봤다.

"좋은 사람이야. 착한 사람. 근데 모르겠어. 솔직히 내
세계에서는 사람 만나기 어려우니까, 이 정도이면 감지덕
지하며 만나야 되거든. 근데 그게 안 되네."

"헤어지면 되잖아."

"그거 되게 가진 자들의 말인 거 알아? 나는 진짜 헤어
지면 이런 사람 못 만날지도 몰라. 그냥 아무 데나 들어가
서 커피 마시고 술 마시면서 '저 사람 괜찮다' 하는 너희랑
다르다고. 우리는 '저 사람이 이쪽일까?' 이 생각부터 해야
하거든."

헤어질까 말까 하는 고민이 1년이 되고 2년이 되고 5년
이 되고 10년이 됐다고 했다. 10년 동안 그는 헤어짐을 고
민할 때마다 바다에 왔다.

홍콩에서 일한다는 D에게는 중학교 때부터 15년을 만
난 여자친구가 있다고 했다. 홍콩에서의 일이 다 끝나서
한국으로 들어가는 길에 발리에 들렀다면서, 한국에 가면
결혼을 할 거라고 했다.

"와, 15년을 만나면 어떤 느낌이에요?"

　중학교 때부터 시작된 인연이 결혼까지 이어진다니, 천연기념물을 보는 기분이었다. D는 그런 질문을 많이 받았다는 듯, 입꼬리를 말아 올리며 소리 없이 웃었다.

　"친구들은 너무 오래 만나지 않았느냐며, 홍콩에서 스무 살짜리 어린애를 만나보라고 하더라고요."

　아는 사람 하나 없는 여행지에서 바다에 사정없이 시달리다 보면, 사람들은《해리포터》에 나오는 진실의 마법약이라도 마신 양 줄줄 자기 이야기를 털어놓곤 한다. 하지만 그런 말을 무슨 심경으로 처음 만난 내게 고백하는 걸까. 궁금증과 함께 작은 분노가 일었다.

　"그래서요? 만나고 싶어요?"

　일면식도 없는 여자친구가 마치 절친한 친구라도 된다는 듯, 공격적으로 물었다. 그러자 D가 화들짝 놀라며 손사래를 쳤다.

　"아니요. 그게 아니라 기분이 이상하더라고요. 그런 말을 들으니까. 저는 제 여자친구가 좋아요. 그리고 제 여자친구와 함께해온 시간이 좋아요. 스무 살짜리 어린애가 채울 수 없는 게 우리에겐 있어요. 저는 제 여자친구의 열다섯, 열여섯, 스물과 서른을 함께했고, 여자친구도 마찬가지잖아요. 그건 아무도 모르는 우리만의 이야기예요. 그래서 어쩌면 나보다 내 여자친구가 나를 더 잘 알지도 몰라요."

그 말과 함께 아무도 모르는 이야기 가운데 하나를 떠올리는 듯 D가 슬며시 웃었다. 그 모습을 보니 작은 분노는 어느새 사라지고 내가 갖지 못한 그 시간과 연대가 은근스레 탐이 났다.

"이 얘기를 여기선 잘 하는데, 친구들 앞에선 못 했어요. 자기만 좋은 사람인 척한다고 손가락질할까 봐."

D는 조용히 밀려드는 파도에서 시선을 떼지 않고 말했다. 그랬구나, 나는 D가 이 바다에서 무엇을 털어놓고 싶었는지 알 것 같았다.

"원래 평생 한 사람만 만나면 바보 같다는 소리 많이 듣잖아요. 생각해보면 저도 많이 한 것 같아요. 근데 D씨 얘기를 들으니까 조금 부끄럽고, 또 부러워요."

바다에 오면, 바다에 떠내려 보내고 싶은 이야기가 있는 사람들을 만난다. 바다는 그 이야기를 듣고 각자에게 필요한 걸 내준다. 울고 싶어도 못 우는 이 대신 울어주고, 아무 말도 못 들은 척 한없이 쓸려 나갔다가도 다시 하얀 포말로 돌아와 마음을 다독여준다. 바다에는 쉼 없이 오가는 파도처럼 늘 저마다의 사연을 간직한 사람들이 있다.

파도의 맛

"그럼 이제 큰 파도 보면 무섭다는 생각보다 타고 싶다, 막 그래?"

주변에 '서퍼'로 알려질 만큼 서핑한 시간이 길어질 때쯤 이런 질문을 받았다. 에이, 그럴 리가. 큰 파도는 항상 무섭다.

보드를 갖고 바다에 들어갈 때면 항상 링 위에 처음 올라가는 선수가 된 기분이다. 바다에 들어간 횟수가 늘고, 보드 위에서 부릴 수 있는 재주가 늘어나면 더 편안해질 것 같지만, 천만에. 더 무서워진다. 무식하면 용감하다는 말을 거꾸로 생각하면 딱이다. 많이 알수록 겁이 많아질 수밖에 없다. 그런데도 왜 자꾸 바다에 들어가느냐고? 그럴 만한 이유가 다 있다.

흔들림 없이 단단한 육지에서 온통 흔들림뿐인 바다로 한 발 한 발 들어가면, 발가락 사이에서 찰랑대던 바닷물이 발목을 맴돌다가 무릎 그리고 이내 가슴 언저리까지 차오른다. 어느새 발바닥에 아무것도 닿지 않는 지점이 오고, 내 밑에 뭐가 있을지 모른다는 두려움과 함께 이제 믿을 건 보드 하나밖에 없다는 절박함이 조금씩 피어오른다. 심장이 얼마나 팔딱거리는지 바닷물 위로 물고기처럼 튀어오를 것만 같다. 보드 위에 올라가 엎드리면 보드에 닿은 심장이 더 팔딱거린다. 괜히 입가에 웃음이 맺힌다. 이렇게 심장이 빨리 뛰는 거, 정말 오랜만이다. 집, 회사, 집, 회사, 술집, 집, 회사. 변주랄 게 없는 따분한 일상에서는 내 심장이 어떤지 좀처럼 느낄 수 없으니까. 후. 크게 숨 한 번 내쉬고, 워워 심장을 진정시킨다. 아직 본격적인 서핑은 시작도 안 했다.

라인업까지 가는 동안 바다가 흔들릴 때마다 보드와 함께 나도 흔들린다. 여유롭고 느긋하다. 파도 외에 신경 써야 할 것은 아무것도 없다. 그렇게 한참을 가서 라인업에 도착하면 가장 먼저 보드 위에 앉는다. 그리고 저 멀리 펼쳐진 바다를 보며 파도를 기다린다. 크, 이때 눈앞의 광경에 늘 감탄한다. 하늘과 바다 사이, 덩그러니 내가 떠 있다. 시야를 가로막는 것 하나 없이 뻥 뚫린 경관에 내 마음도 뻥 뚫린다. 빵빵거리는 경적 소리도 없고, 시끄러운 사람들의 목소리도 없다. 오로지 파도 부서지는 소리와 바람소리만이 내 주위를 맴돈다. 하지만 여기까지도 그저 파도를 타기 전에 즐기는 애피타이저에 불과하다.

멀리서 파도가 들어오면 천천히 하나 둘, 하나 둘, 숫자를 세며 파도를 잡아탄다. 서퍼가 파도를 타는 걸 두고 파도를 잡는다고 하는데, 처음 이 말을 들었을 때 나는 말타기를 떠올렸다. 고삐도 안장도 없을 때 예전 사람들은 말의 갈기를 잡고 말 위에 올라탔다고 한다. 서퍼도 파도의 갈기를 잡고, 안장 격인 보드에 몸을 실은 채 파도 위에 올라탄다. 타이밍 좋게 파도의 갈기를 꽉 쥐고 올라타면, 파도는 궁둥짝을 맞은 말처럼 쏜살같이 앞으로 내달리고 그 위에 내가 서 있다. 떨어지면 바다 위로 던져진 돌처럼 통통통 튕기겠지만, 떨어지지만 않으면 돈 주고도 못 사는 바다 위 드라이브를 실컷 즐길 수 있다. 바다 위를 파도의 속도로 달리는 경험은 짜릿하다. 속으로는 덜덜 떨면서도 웃음이 떠나질 않는다. 그런 내 얼굴에 시원한 바닷바람이 스친다.

    마침내 해변에 도착해 보드에서 내리면, 바로 보드를 돌려 다시 왔던 길로 되돌아간다. 머릿속이 깨끗해지는 기분이다. 그래서 좋아하는 건 찾아보기 어렵고 싫어하는 건 왜 이렇게 많은 건지 싶은 일상, 밋밋하고 따분한 생활 속에서 괜히 머릿속만 복잡할 때 자꾸만 바다를 찾게 된다. 이렇게 좋아하는 걸 하다 보면, 심장이 뛰는구나, 두려운 만큼 얻는 게 있구나, 잠깐 잊어버렸던 예전의 감각을 떠올릴 수 있다. 메말랐던 마음에 바닷물이 맺힌다. 그렇게 한바탕 서핑을 하고 나와 살얼음 낀 빈땅Bintang 맥주를 벌컥벌컥 들이켜고 나면 마음속으로만 되뇌었던 말이 입 밖으로 나온다.

    "아, 이 맛에 파도 타지!"

엄마 아빠, 서핑 할래?

엄마는 바다에 들어온다

엄마는 가볍고 유연하다. 자신에 대해 많이 생각한다. 엄마는 잃으면서 얻는 것에 대해 잘 안다. 단점 더미 사이에서 장점 하나를 들어 올리면 한숨 한번 쉬고 즐거워한다. 도무지 가만히 있지를 못하는 성격이다.

나이 들면 낯선 시도를 무서워한다는데, 엄마는 두려워하면서도 도전한다(그 모습이 '가까스로'라는 말과 너무 잘 어울리기는 하지만). 그리고 시작하면 스스로를 뿌듯해한다.

오키나와에서 함께 스쿠버다이빙을 한 적이 있다. 물이 무섭다던 엄마는 배 위에서 한참을 할까 말까 고민했다.

사실 엄마는 발이 바닥에 닿지 않는 물이 두려워서 해수욕장에 가서도 해변에만 머문다. 강사는 그렇게 무서우면 우리가 들어갈 바닷속이 어떤 모습인지 한번 들여다보라고 조언했다. 마침 TV에서만 보던 주황 줄무늬 니모(클라운피시)가 산호초를 따라 동굴 속으로 들어가고 있었다. 엄마는 주먹을 꽉 쥐고, 니모를 따라 물속으로 뛰어들었다.

심지어 엄마는 유럽에서 렌터카를 운전해보기도 했다. 엄마와 이모 그리고 내가 함께 떠난 자유여행이었다. 프랑스 니스에서 렌터카를 빌렸는데 유럽에는 수동기어 차량이 많아서 1종 면허가 있는 엄마가 운전대를 잡아야만 했다.

"근디야, 방향도 다르고 길도 모른디 내가 할 수 있을까나?"

차에 타기 전까지 엄마의 걱정이 이어졌다. 고속도로 톨게이트에서는 카드도 없으면서 카드 계산 구간으로 들어가 낭패를 봤다. 운전대를 잡은 손가락부터 얼굴까지 새하얗게 질린 엄마. 옆 현금 계산대 직원의 도움으로 간신히 게이트를 빠져나온 후, 엄마는 이렇게 말했다.

"이제 안 좋은 건 다 지나갔을 것이여."

엄마는 모든 일을 파도처럼 넘긴다. 지나간 파도에 전전긍긍하며 매달리지 않는다. 그런 자세가 때로 감탄스럽고 때로 참 감사하다. 여권에 스탬프가 많다고 자랑하는 아빠에게 프랑스에서 돌아온 엄마는 이렇게 말했다.

"자네, 프랑스에서 운전해본 적 있어? 나는 있어."

엄마의 자부심 목록이 하나 더 늘었다. 하기 전에 덜덜 떨었으면 어떤가, 하다가 실수하면 또 어떤가, 새하얗게 질려서 남부끄러운 모습을 좀 보였으면 어떤가. 엄마는 큰 파도가 오든 작은 파도가 오든, 두려워하면서도 잘도 넘긴다. 그런 엄마가 파도를 타면 어떤 서퍼가 될지 궁금하다. 그래서 매번 발리로 떠나기 전에 엄마에게 묻는다.

"엄마 서핑 해볼 생각 없어?"

"엄마가?"

"응."

"하면 또 하지."

조만간 엄마의 도전 레퍼토리에 서핑이 추가될 예정이다.

아빠는 바다를 바라본다

아빠는 자신의 의도와는 상관없이 낯선 경험을 많이 했다. 여권에 찍힌 스탬프 수로만 따지자면 나머지 가족 것을 다 합친 것보다 많다. 모르는 음식도 거부감 없이 곧잘 드셨다. 그런데 이제는 손사래를 친다. 이제는 익숙한 것이 더 편해지신 것 같아 조금 안쓰러울 때도 있다. 김치 하나 챙겨가지 않던 해외여행에 이제는 소고기고추장이니 김치니 라면이니 싸들고 간다(심지어 라면을 종류별로 바리바리 챙기신다. 아, 아버지). 해외여행에서만 이러면 말을 안 한다. 제주도에 갈 때도 이러신다.

같이 바다에 가면 아빠는 일행 가운데 가장 먼저 바닷물에 발을 적시고는 미련없이 돌아선다. 그리고 바다를 향해 달려가는 우리를 향해 말한다.

"물 차다잉."

이건 마치 기미상궁? 이제 아빠는 낯선 상황에 온몸을 던지고 싶지는 않지만, 반쯤은 문을 열어놓고 싶으신 것 같다. 자신이 모르는 곳으로 여행을 간다고 하면 거짓말을 해서라도 같이 가고 싶어 한다. 발리에 갈 때도 마찬가지.

"어차피 아빠 거기 가서 할 거 없어. 그리고 아침부터 일어나서 옷 다 차려입고 앉아가지고 오늘은 어디 안 가냐고 재촉할 거잖아. 나는 그냥 가서 책 읽고 그림 그리고 요가하고 서핑 할 거야. 아빠는 서핑 안 할 거잖아."

"아빠도 가서 가만히 앉아서 책 읽고 쉴 거야. 그리고 서핑 할 수도 있지."

거짓말이다. 한번 아빠와 함께 발리에 갔는데 아빠의

행동은 내 예상에서 한 치도 벗어나지 않았다. 새벽 6시부터 일어나서 옷을 챙겨 입고 빌라 반경 1킬로미터를 샅샅이 뒤졌고, 허리가 굽어서 바닥에 반듯하게 눕지도 못하면서 요가원까지 따라와 요가 매트 위에 엉덩이를 붙이고 앉아 계셨다. 내가 바다에 들어가면 해변에서 주야장천 내가 언제 나오나 목을 빼고 기다린다.

"아빠 서핑 할 생각 있어?"

불리할 때 아빠는 말이 없다.

"나 다시 바다 들어갈 건데, 아빠는 뭐 하려고?"

"바다 보고 있을 거야."

오늘도 아빠의 문은 반쪽만 열려 있다.

엄마도 아빠도 나도 때때로 바다 앞에 선다. 바다에 발을 적시든, 바다 앞에서 망설이든, 바다에 뛰어들든, 바다를 즐기는 방식은 다 다르지만 말이다. 나는 물음을 던지는 식이다. 엄마에게도 아빠에게도 그리고 소중한 사람들에게도.

"우리, 서핑 할래?"

4장

바다 밖에서도

삶은 이어지고

"인생은 서핑과 매우 비슷해요. (…)
다음 파도가 어떻게 끝날지 알 수 없으니까요."

– 배서니 해밀턴 미국 프로 서퍼

Life is a lot like surfing. (…)
Because you never know what may be over the next wave.

– Bethany Hamilton

내 마음의 물기,
내 마음의 딩

보드에 금이 가거나 파이는 걸 '딩ding이 났다'라고들 말한다. 다른 보드나 어딘가에 부딪혀서 보드에 딩이 나면, 수리 전에 꼬박 하루 이틀 정도의 시간이 필요하다. 보드를 바다 밖에서 바짝 말리는 시간이다. 축축한 상태에서는 딩을 수리할 수 없기 때문이다. 그런데 정작 딩을 수리하는 시간은 보드를 말리는 시간에 비하면 아주 짧다. 다 나은 상처 위에 밴드를 붙이는 느낌이랄까.

딩을 수리하는 과정은 사람 마음에 난 상처를 치유하는 과정과 닮았다. 상처를 얻은 바다에서 멀리 떨어져서 오랜시간 물기를 말린 후에, 언제 나았는지도 모르게 나아버리는 마무리. 그리고 어느 날 문득, 조금 색깔이 다른 부분을 만지작거리면서 '아, 그때 여기에 딩 났었지' 하는 그런 느낌. 하지만 아무리 완벽하게 수리를 해도 딩이 나기 이전으로는 돌아갈 수 없다. 평상시에는 아무렇지 않다가도 어느 순간 딩 난 자리가 눈에 들어오는 것처럼, 그저 묻어두고 살다가도 불시에 저릿하고 욱신거리는 통에 마음속 상처를 잊을 수 없는 것처럼.

딩이 난 보드를 쓰다듬을 때면 자연스레 마음속에 콱 박힌 사랑하는 사람들이 생각난다. 최근 내게 가장 큰 딩은 할머니다. 할머니, 세 글자를 보기만 해도 괜스레 하늘을 올려다보게 된다. 할머니가 재가 되던 날, 나는 난생처음 할머니에게 사랑한다는 말을 했다. 할머니의 얼굴에 하얀 천이 덮일 때까지도 실감이 나지 않았다. 언제든 원하면 그 얼굴을 볼 수 있을 것만 같았다. 할머니의 삶에서 넘고 또 넘어야 했던 헐떡 고개가 굽이굽이 패어 있는 그 얼굴을, 농사일에 그을리다 못해 까맣게 타들어간 밭고랑을 닮은 그 볼을, 마루에 서서 잘 가라 하셨던 그 입을 만질 수 있을 것만 같았다. 그런데 그사이에 또 다른 천이 놓였다.

장의사의 손은 생각보다 빨랐고 슬픔은 언제나 뒤늦게 찾아온다. 그가 두세 겹의 천으로 할머니 얼굴을 가리고 더 두꺼운 천으로 할머니의 머리를 감싸고 나서야 가족들은 끅끅거렸다. 어렴풋하게 이제는 그 어떤 말로도 겹겹이 멀어진 이 세계를 돌이킬 수 없으리라는 느낌이 들었다. 그도 잠시, 할머니와 우리 사이에 이젠 절대로 가로지를 수 없는 강이 생겼다는 것을 확인시키 듯 장의사는 겹겹이 쌓인 천이 풀리지 않게 꽁꽁 묶었다.

하얀 천으로 온몸을 감싼 할머니는 작은 새 같았다. 할머니 집 앞에 있는 동백나무에 잠깐 앉았다 뽀로로 날아가 버리는 새. 엄마, 어머니, 누나, 할머니 그리고 유옥례. 수많은 이름으로 불리는 작은 새를 향해 우리는 손을 뻗었다.

"엄마, 이럴 줄 알았다면 더 많이 사랑한다고 말할 걸 그랬어. 엄마 사랑해."

"할머니, 죄송해요. 가지 마세요."

"고생 많으셨어요, 어머니."

그동안 꺼내놓지 않은 마음이 전해지길 바라면서 우리는 할머니를 더듬었다. 이제는 잡을 수 없는 손과 마주칠 수 없는 눈길과 들을 수 없는 목소리를 잡아보려는 듯이.

"나는 언니, 할머니 허리 편 모습이 보고 싶었어."

고등학생이라 장례식 마지막 날에 온 사촌동생이 입술을 깨물며 말했다. 할머니의 허리는 언제부터 그렇게 굽었을까. 엄마가 날 낳기 전부터, 아니 할머니가 엄마를 낳기 전부터 그랬는지도 모르겠다. 잘 때도 몸을 웅크리고 주무셨는데, 이제는 곱게 허리를 펴고 어디 좋은 곳을 거니시지 않을까.

"할머니 돌아가시고 나서 엄마는 가끔 혼자 있을 때 '엄마'라고 말해본대. 불러본 지 너무 오래돼서 그렇게라도 해본대. 그 말 듣고 나 진짜 울 뻔했잖아."

재작년, 나보다 먼저 할머니를 보낸 친구가 말했다. 그 말에 할머니 장례식에서 웃다가도 금방 오열해버리는 엄마가 떠올랐다. 엄마 마음에는 얼마나 큰 딩이 났을지 가늠조차 할 수 없다. 딩 난 마음에 다시 물기가 어린다.

"잘 가셨어. 더 아프지 않고 편하게."

울음과 울음 사이 엄마는 덤덤한 말투로 할머니를 마음에서 떠나보낼 준비를 했다. 언젠가 엄마 마음에 난 딩도, 내 마음에 난 딩도 물기 없이 마를 것이다. 예전의 아무렇지도 않은 겉모습을 되찾을 것이다. 하지만 언제까지나 속으로 그 딩을 안고 살겠지. 가끔은 소중하다는 듯 딩 난 자국을 매만지기도 하겠지.

때로 제자리에 있는 것만으로도

"서핑할 때, 너는 뭐가 제일 무서워?"

어느 날 친구가 물었다. 그 순간, 내 머릿속에 떠오른 답은 물속에서 데굴데굴 구르는 것도 아니고, 금방이라도 숨이 꼴깍 넘어갈 것 같은 1초도 아니고, 곧 부서질 것 같은 파도 끝에 섰을 때도 아니었다. 육지와 가까워지지 않는 것, 그게 제일 무서웠다.

바다에는 해류라는 흐름이 존재한다. 그 흐름에 따라 모래가 쌓여 백사장이 되고, 돌이 깎여 절벽이 된다. 해변으로 밀려오는 물은 바다 바닥에 흙이나 돌을 쌓는다. 그런데 들어오는 물이 있으면 나가는 물도 있기 마련. 어느 순간, 바닷속 모래언덕이 쌓이다 쌓이다 한계치를 넘으면 와

르르 무너진다. 바다의 아주 깊은 바닥에서 일어나는 일이지만 바다는 하나로 연결돼 있어서 곧 해류에도 영향을 미치는데, 그때 해변에 있는 물이 갑자기 빠른 속도로 빠져나간다. 이런 바닷물의 흐름을 이안류, 혹은 역파도라고 부른다.

바다가 치고 빠져봐야 그게 얼마나 강하겠느냐고 무시했다가는 뒤통수 제대로 맞기 십상이다. 서핑을 하다 보면 가끔 이런 이안류에 휘말리는 순간이 온다. 하늘에서 내려다보지 않는 한, 바다에 떠 있는 작은 존재인 우리가 이안류를 알아차리기란 꽤 어렵기 때문이다.

이안류에 휘말리면 처음에는 공허함이 찾아온다. 해안으로 나가려고 열심히 손을 저어봐도 앞으로 나가는 느낌이 전혀 들지 않는다. 그러다가 지쳐서 숨을 돌리려고 조금이라도 멈추면 뒤로 더욱더 밀려나고 만다. 그 순간 공허함이 좌절감과 공포로 돌변한다. 발버둥 쳐봐야 제자리, 발버둥 치지 않으면 쓸려나가고 마는 현실을 마주치면 그보다 겁이 나고 무력해지는 순간도 없다. 분명 눈앞에 육지가 있는데, 영원히 육지와 가까워질 수 없다는 생각이 든다. 이러다가 죽을지도 모르겠다는 공포가 찾아오면 애어른 가릴 것 없이 울음을 터뜨린다.

"그럴 땐, 방향을 살짝 틀고 포기하지 않는 거야."

이안류에 휘말려, 죽어라 패들링을 해도 전혀 앞으로 나갈 기미가 보이지 않아 두려움에 떨고 있을 때 나를 구해 준 건 함께 서핑 하던 사람들의 목소리였다. 방향을 45도로 틀어 앞과 옆을 같이 보되, 끊임없이 패들링 하라는 목소리. 가까스로 정신을 차리고 구원의 목소리를 따라 한참을 팔이 빠져라 패들링 하니, 비로소 조금씩 가까워지는 육지를 마주할 수 있었다.

바다에 계속 뛰어든다면, 또 언젠가는 필연적으로 이안류에 휩쓸리겠지. 요령이 생겨서 빈도수를 줄인다고 해도 바다의 모든 변수를 알아차릴 수는 없을 테니까. 이안류를 생각하면 바다에 뛰어들기가, 서핑 하기가 무섭고 두렵지만 포기하지는 않을 것이다. 다시 이안류를 만나더라도 방향을 살짝 틀고 끊임없이 나아가면 결국에는 벗어날 수 있다는 걸 알았으니까. 두렵다고 해도 포기하지 않을 만큼 바다가, 파도가 좋으니까. 앞으로 나아가지 못한다고 해도 때로 제자리에 있는 것만으로도 대견한 순간이 있다는 걸 배웠으니까.

우린 모두 물거품에서 왔는걸

미야자키 하야오 감독의 〈벼랑 위의 포뇨〉를 자주 본다. 넷플릭스에 올라오고 나서는 더 자주 본다. 이 애니메이션 애기를 꺼내면 다들 스토리보다 포뇨의 생김새에 대해 말한다. "포뇨 참 귀엽죠?", "난 소스케가 더 귀엽던데" 등등. 하지만 이 영화에서 나를 사로잡은 건 포뇨가 라면을 먹다 잠드는 귀여운 모습이 아니었다. 이 영화를 보고 또 본 이유는 포뇨를 인간으로 만들어서 원하는 삶을 살게 하자는 포뇨 엄마와 그러다 까딱 잘못하면 물거품으로 돌아가버린다는 포뇨 아빠의 대화가 계속 맴돌아서였다.

"그러다 물거품으로 돌아가면 어떡해?"

걱정스럽다는 듯 포뇨 아빠가 말하자 포뇨 엄마는 그게

무슨 이유가 되느냐는 듯 대수롭지 않게 되묻는다.

"뭐 어때요? 우린 다 물거품에서 왔는데?"

도무지 이해되지 않는 대사였다. 물거품이 되는 게 어떻게 괜찮을 수 있지? 물거품에서 왔다니 그건 또 무슨 소리일까? 물거품에서 왔다고 해도 다시 물거품이 되는 건 다른 이야기 아닌가?

〈벼랑 위의 포뇨〉를 처음 봤을 때 나는 막 대학교에 입학한 신입생이었다. 그리고 앞으로 모든 일이 다 잘되리라는 확신과 자신만만함이 있었다. 하지만 20대 초반에 품었던 생각은 다 부질없는 일종의 물거품이었다. 대학교에 들어갈 때만 해도 야심만만하게 조기 졸업 계획을 세웠었다. 그런데 현실은? 졸업장을 받아드는 데 8년이나 걸렸다. 초등학교도 6년이면 마치는데 말이다. 계획이나 포부 같은 것은 죄다 물거품이 돼버렸지만, 후회는 없다. 긴 대학생활 동안 엄청나게 많은 경험을 할 수 있었으니까.

그래도 노력이 물거품이 되면 쉽게 흘러가지 않고 뼈아프게 한참을 고여 있기도 한다. 내가 일하는 뉴스 현장에서도 물거품은 왕왕 생겨난다. 멈추지 않고 시시때때로 변화하는 세상에서 어쩔 수 없는 일이긴 하다. 어제까지 잘못하고 있던 정책을 비판하는 콘텐츠를 열심히 만들고 있는데, 갑자기 대처를 바꾼다고 발표하면 지금까지 만든 콘텐츠는 빛도 보지 못하고 사라질 운명에 처한다. 어쩔 수 없다는 걸 알면서도 만든 사람 입장에서는 허탈할 수밖에 없다.

2017년 대선 때 반기문 전 유엔사무총장은 막판에 출마를 포기했었다. 대선방송을 준비하던 팀은 몇 달 전부터 그에 대한 모든 그래픽과 콘텐츠를 준비해놓은 상태였는데, 그 모든 노력이 한순간에 휴지통으로 들어가게 된 것이다. 넓디넓은 바다에서는 늘 예측할 수 없는 일이 일어나고, 우리가 사는 이 세상도 그건 마찬가지다. 그럴 때는 일떠나는 파도가 있으면 물거품도 있을 수밖에 없다고 서로를 다독일 수밖에 없다.

파도가 사라진 자리에는 새로운 파도가 온다. 파도를 놓친 다음 여기저기서 탄식에 가까운 아쉬움의 소리가 흘러나온 후, 이내 다음 파도가 들어온다는 신호가 이어진다. 100개를 물거품으로 보내고 파도를 딱 하나만 잡은 날, 내게 남은 건 파도 하나뿐인 줄로만 알았다. 그런데 그게 아니었다. 그걸 한참이 지나서야 알았다. 파도 하나가 아니라 잡으려고 시도했던 101개의 파도가 나의 온몸 구석구석에 남았다. 바다 위에서 보낸 시간에 비례해 다져진 팔 근육과 그사이 길러진 파도를 보는 눈, 그리고 곧은 자세가 그 사실을 증명해준다.

파도는 또 온다. 그리고 그 파도는 사라져버린 물거품이 만들어낸 것이다.

파도를 재활용하는 법

빈말, 말 바꾸기, 입에 발린 소리 같은 걸 질색하던 때가
있다. 자기가 한 말 하나 못 지키고, 하나마나 한 소리를 난
발하는 사람을 보면 '일관성 없이 왜 저럴까, 나는 절대 저
러지 말아야지' 생각했었다. 그런 내게 나를 아끼는 한 교
수님은 "휘어지지 않으면 부러져, 이것아"라고 애정 어린
질책을 하시기도 했다. 그런 말을 들으면서도 나는 휘어질
거라면 차라리 부러지고 말겠다고 속엣말을 했었다. 참으
로 기개 넘치는 20대였다.

그런데 시간이 흐를수록 '그때는 맞고 지금은 틀리다'
라고 할 법한 일이 속속 벌어졌다. 학생 때는 '선생님은 왜
저런 식으로 가르칠까?' 생각하며 따박따박 따지기도 했

었는데, 막상 내가 과외를 하고 보니 선생님이 왜 그랬는지 이해가 됐다. 취준생일 때는 이해하지 못했던 직장인의 행동이 막상 직장인이 되니 이해되기도 했다. 자기 세상이 좁을수록 자기 확신이 강하다는 것을 이제야 알겠다.

하지만 이해한다고 해서 똑같이 되겠다는 뜻은 아니다. 휘어지지 않으면 부러진다는 교수님의 이야기는 휘어져서 다른 길로 가라는 뜻이 아니었다. 휘어진 뒤에도 얼마든지 제자리로 돌아올 수 있다는 숨은 뜻을 뒤늦게 깨닫는다.

좋은 서퍼는 방향을 여러 번 틀면서 하나의 파도를 오래 그리고 길게 탄다. 같은 파도라도 일직선으로 타고 마는 게 아니라, 입체적으로 즐기는 것이다. 하지만 나는 그동안 턴 한번 하지 않고 한 단면만 타고 내려버렸다. 방향을 튼다는 건 일상에서도 바다에서도 쉬운 일이 아니었다. 게다가 간단하게 턴이라고 했지만, 더 정확하게 말하자면 유턴이다. 왔던 방향과 완전히 반대로 보드를 돌려야 한다. 아무리 연습해도 좀처럼 턴이 늘지 않아, 아직도 파도 끝에서 보드를 돌리려고 용을 쓰다가 자주 물에 빠지곤 한다.

"턴, 별거 없어. 무게중심을 잠깐 뒤로 옮겨서 몸을 가고

자 하는 방향 쪽으로 돌리면 돼."

도통 늘지 않는 실력 때문에 고민하는 내게 에스더가 턴의 원리를 다시 설명해준다. 앞으로 가기 위해 뒤로 가라니, 들을 때는 참 쉽고 좋은 말이라고 생각되지만 막상 하려면 몸이 뜻대로 움직이지 않는다. 말처럼 쉽다면야 턴을 하다가 골백번 바다에 처박힐 일도 없었겠지. 롱보드라 휙휙 안 돌아가는 거라고 스스로를 위로해보지만, 이미 알고 있다. 몸만 돌아가는 나와 달리 남들은 롱보드를 타면서도 보드를 휙휙 잘만 돌린다는 것을. 어떻게 해야 턴을 잘할 수 있을까. 파도를 공부하면서 나는 요새 턴에 대해서 집중 탐구하는 중이다.

우선 턴을 잘하려면 파도를 이해해야 한다. 파도는 꼭 산같이 생겼다. 제일 높은 부분을 머리 혹은 피크라고 하고, 피크 양옆으로 내려오는 부분을 숄더라고 한다. 파도가 앞으로 나가는 힘이 보드를 움직이는 원동력인데, 그 힘은 피크가 제일 세고 다음은 숄더, 가장자리 순이다. 피크와 숄더 언저리에서 파도를 잡으면 보통 파도가 부서지는 걸 피해서 오른쪽이나 왼쪽 가장자리로 보드를 모는데, 그러다 보면 당연히 보드를 미는 힘이 약해진다. 이때 턴이 필요하다. 턴을 해서 아직 힘이 있는 피크 쪽으로 갔다가, 또 턴을 해서 다시 가장자리로 갔다가, 또 턴을 하는 과정을 반복한다. 한 번만 타면 아까우니까, 타고 또 타고, 이렇게 파도 재활용이 이뤄진다.

정말 턴을 잘하고 싶다. 모르는 만큼 더 많이 알아가고, 또 안 만큼 그전의 나를 부정하게 되더라도, 매순간 더 옳은 선택을 내리고 싶다. 그렇게 나의 시간을 계속 재활용할 수 있으면 좋겠다.

다른 바다 다른 서핑

"한국에서 서핑 하는 사람들 진짜 대단해."

제주, 양양, 고성 등 우리나라에서도 서핑을 즐기는 사람은 많다. 하지만 실제로 한국에서 서핑을 하는 건 꽤 어려운 일이다. 파도가 넘쳐나는 발리 바다와 달리, 우리나라에는 큰 파도가 잘 들어오지 않고 그걸 타려는 사람은 너무 많다. 좋은 파도는 겨울에 많이 들어오는데 겨울 바다에서 서핑 하기는 더 쉽지 않다. 체온 유지를 위해 두께가 최소 3밀리인 풀슈트를 필수적으로 입어야 하고, 거기에 슈즈 신고 장갑 끼고 모자도 쓴다. 해녀복 같은 슈트를 입고 팔다리를 움직인다는 생각만으로도 벌써 지친다. 그런데 그 상태로 서핑을 한다니! 대단하다고 말할 수밖에.

재난 극복이 특기라고 할 만큼 우리나라 사람들의 근성은 남다른데 그런 특징은 바다에서도 여실히 드러난다. 쉽게 파도를 내주지 않는 한국 바다에 한국 서퍼들은 지지 않는다.

발리에서는 한 번도 본 적 없는 서핑 스킬을 한국에서는 자주 본다. 바로 '달리다가 타기'이다. 처음 고성에서 이 모습을 봤을 때는 당황스러움이 밀려왔다. 보드를 잡고 해안가에 나란히 서 있는 서퍼들의 모습은 정말이지 생소했다. 그다음에 이어지는 달리기. 준비자세를 하고 있다가 파도가 들어오는 것 같으면 땅 하고 일제히 달려나가는 그 모습은 놀라움의 연속이었다. 그리고 마침내 보드 위에서 일어서는 모습을 보면 감탄사가 절로 나온다. 발리나 포르투갈에서는 전혀 볼 수 없는 새로운 서핑이었다. 그 모습을 두 눈 동그랗게 뜨고 지켜보는 내게 서핑숍 사장님이 말했다.

"한국에서는 처음이시죠? 한국은 발리에 비해 파도가 작아서 패들링만으로는 잡기가 벅찰 때가 많아요. 그래서 나름대로 방법을 찾은 게 저렇게 달려서 타는 거예요."

바다가 좋은 파도를 내주지 않는다면 달려서라도 잡겠다는 의지, 좋은 파도라면 머리가 깨질 것 같은 추위도 불

사하고 바다로 뛰어드는 의지. 한국 서퍼들에겐 그런 의지
가 있다.

　심지어 한국에서 서핑 하는 사람들이 패들링 하나는 기
가 막히게 잘한다는 우스갯소리도 있다. 파도가 얼마나 작
든 반드시 잡아내고야 말겠다는 의지는 강한 팔을 키우고,
격렬한 패들링을 할 수 있게 해주기에 거짓말은 아니다.

　그날 나도 고성 바다에서 서핑을 했다. 처음에는 발리
에서 타던 대로 조류에 맞춰 라인업에 가려 했는데, 우선
은 파도가 작은 날이라 조류가 중요하지 않다고 했고 라
인업은 아예 없었다. 발리에서 타던 대로 하다가는 파도를
하나도 못 잡을 판이라 작은 거라도 타자 싶어 바다를 바
라보고 있는데, 해변에 다다라서야 좀 탈 만한 크기가 되
는 파도가 눈에 들어왔다. 그리고 그곳에서는 어김없이 서
퍼들이 달릴 준비를 하고 있었다.

　한국 파도는 한국식으로 잡아야지, 중얼거리며 보드에
서 내렸다. 그리고 달렸다. 달리면서 파도를 잡아보니 패
들링해서 잡는 것 못지않게 어려웠다. 보드를 붙들고 서서
바다를 보다가 파도가 오는 타이밍에 맞춰 힘차게 달려야
한다. 몇 번의 실패 끝에 마침내 파도를 하나 잡았을 때, 그
렇지! 두 손을 번쩍 들었다.

바다에서 나온 내게 서핑숍 사장님이 말했다.

"바다마다 파도가 다르니까, 타는 법도 달라요. 장단점이 있죠. 발리에선 좋은 파도, 안 좋은 파도 골라서 탈 수 있으니까 눈 키우기 좋고, 여기는 파도가 척박하니까 서퍼가 강해지잖아요. 뭐가 됐든 둘 다 재밌잖아요. 그거면 됐죠."

바다가 다르면 파도가 다르고, 파도가 다르면 서핑도 다르다. 그리고 누구는 달려서 타고, 누구는 엎드려서 타고, 그리고 가끔 나는 무릎 꿇고 탄다. 방법은 달라도 우리 안에 있는 건 다 같다. 파도를 잡겠다는 의지와 즐기는 마음. 그보다 중요한 게 또 있을까.

살이 빠졌다

"넌 체구가 커서 꼭 날 한 대 칠 것 같아."

3년 전 다녔던 직장 상사는 만날 때마다 어김없이 '얼평'을 했다. 정말 그럴 수만 있다면 얼마나 좋을까. 저 못된 입을 한 대 콩 때려줄 수 있다면, 아니 콩이 아니라 퍽 때려줄 수 있다면……. 그런 말을 들을 때마다 정말로 뒤로 나자빠질 정도로 세게 한 대 때리는 상상을 하며 행복 회로를 돌려보곤 했다. 그런데 이런 말도 자꾸 듣다 보면 내성이 생긴다. 여자치고 큰 키에 골격까지 크고, 몸무게도 꽤 나가다 보면 저런 말은 잽잽 하는 수준에 불과하다. 그런 말에 사사건건 상처받지 않을 만큼은 단련이 된 터이다.

물론 억울한 측면도 있다. 아침 9시에 출근해서 거의 밤

12시까지 일하는데, 운동할 시간도 없고 낮에 밥을 먹을 때는 상사가 소주를 시켜서 따라주는 통에 맨날 술도 먹는데, 살이 안 찌는 게 도리어 이상한 거 아닌가? 그래도 나는 몸만큼이나 통 크게 생각한다. 이까짓 살, 어차피 발리에 가면 다시 빠진다고.

누구는 여행 갔다 오면 살이 찐다는데 희한하게 나는 발리에 갈 때마다 살이 빠져서 돌아왔다. 처음 발리에서 지낼 때 3주쯤 지났을 무렵, 에스더가 나를 보고 눈이 동그래져서는 살이 빠졌다고 했다. 에이, 설마. 어제도 보고, 그제도 보고, 그 전날도 봤는데 갑자기 살이 빠졌다니? 듣고도 의심스러울 법한 말이었다. 못내 못 미더워하는 나를 보더니 에스더가 내 래시가드 배 쪽을 잡아당기면서 말했다.

"진짜야. 너 이거 첫날 입었던 래시가드잖아. 그때 배가 빵빵해서 래시가드가 아주 올라갈 틈 없이 꼭 맞았었는데, 봐봐. 헐렁헐렁하잖아."

듣고 보니 정말 그랬다. 첫날 입고 너무 꼭 맞아서 그 아래에 숨겨져 있어야 마땅한 뱃살이 자꾸 존재감을 사방팔방 자랑하는 통에 한동안 입지 않다가 오랜만에 꺼내 입은 참이었다.

"진짜 살이 빠지긴 했나 보네."

매일매일 바다에 나가 살았으니, 그럴 만도 하다고 생각한다면 천만의 말씀이다. 바다 밖에서 내가 어떻게 생활하는지를 안다면, 소라게가 집으로 들어가듯 그런 말이 쏙 들어갈 것이다. 바다에 나갔다가 중간중간 육지로 돌아올 때면 나시고랭, 미고랭 도시락을 먹고(어떤 날은 두 개씩 먹고), 빈땅 맥주도 마셨다. 그날의 서핑을 다 마치고 나서는 더 먹었다. 물놀이를 하고 나오면 뱃속 상태가 어떤지 다들 아시리라. 블랙홀에 버금가는 식욕으로 푸짐하게 먹고 맥주도 만만찮게 들이켰다. 발리에서는 무조건 스쿠터로 이동했으니 그렇게 많이 걸어 다니지도 않았다. 실상이 이런데 언감생심 살이 빠질 거라는 기대는 하지도 않았다. 다만 잠시나마 '해야 하는 일'의 연속에서 벗어난 생활을 하면서 마음이 건강해지기를 바랐을 뿐이다.

에스더의 말을 듣고 숙소로 돌아오자마자 거울 앞에 서서 래시가드 밑으로 손을 넣어 뱃살을 만져봤다. 원래라면 3자 모양의 뭔가가 있어야 하는데, 2자에 가까운 살덩이가 만져졌다. 윗배 부분은 술살이라고 했으니까 만약 술을 안 마셨더라면 1에 가까웠을지도 모른다. 기분이 좋으면서도 이상했다. 서핑을 시작하면서 살을 뺀다는 생각은 조금도 해본 적이 없다. 뭔가를 내 인생에서 뺀다면 살보다는 생활 전반에 깔려 있는 무기력이나 우울 같은 걸 없애고 싶었다. 그런데 이게 웬 떡이람.

지난 세월, 다이어트를 한답시고 보낸 시간이 무색하게 느껴졌다. 살을 빼려고 그 난리를 쳤는데, 매일 소수점까지 따져가며 몇 킬로가 찌고 빠졌는지 집착하며 보냈는데, 이렇게 나도 모르게 살이 빠질 수 있다니. 이렇게 쉽게 빠질 거라면 그땐 왜 그렇게 안 빠졌던 걸까. 참 알다가도 모를 일이다.

어쨌든 살이 그냥 빠진 건 아닐 테다. 매일 컴퓨터 앞에 앉아 있는 시간이, 바다에 나가 있는 시간으로 바뀌어서일 수도 있다. 거기선 아침 9시부터 밤 11시까지 거의 하루 종일 가만히 제자리에 앉아 있었는데 바다 위에선 계속 움직이니까. 또 회사에서 야근하면서 먹는 것을 생각하면 발리에서 딱히 많이 먹은 편도 아니고, 낮술이나 폭음을 요구하던 회식 자리에 비하면 빈땅 몇 병은 오히려 금주에 가깝다.

'살이 빠질 만도 하네.'

내가 먹고 싶을 때 먹고 싶은 만큼 먹고, 마시기 싫을 땐 안 마시고, 일어나고 싶을 때 일어나고, 쉬고 싶을 때 쉬는 자유가 있었기에 나도 모르는 사이 살이 빠진 거였다. 그동안 알고 있던 나의 '보통' 몸무게는 사실 스트레스가 만들어낸 것이었고, 이게 본래 내 몸에 가까운지도 모른다.

그때 이후로 내 살을 갖고 왈가왈부하는 사람을 보면 심드렁한 표정을 지을 수 있게 됐다.

그리고 속으로 '이 갑갑한 사람아, 지금 이 순간 당신이 나를 살찌우고 있는 거거든요'라고 중얼거리며 이렇게 산뜻하게 말하고 만다.

"괜찮아요, 어차피 발리 가면 빠져요."

파도의 선배들

나는 커서 어떤 사람이 될까. 다 큰 지금도 여전히 그런 생각을 자주 한다. 그리고 안타깝게도 세상에는(특히 회사에는) 닮고 싶은 사람보다 반면교사가 훨씬 많았다. 그래서 저런 어른은, 저런 선배는 절대 되지 말아야지 하는 생각을 자주 했더랬다.

처음 프리랜서로 회사를 다닐 때, 회사의 부조리한 보상제도에 의문을 제기한 적이 있다. 비정규직과 정규직이 다 함께 만든 결과물인데, 모든 상과 상금은 정규직에게만 수여됐다. 내 눈에는 그게 퍽 이상해 보였다. 그런데 불합리하지 않느냐는 질문에 정규직 선배는 이렇게 말했다.

"네가 정규직이 되면 그렇게 생각 안 할걸?"

그는 나의 비판을 나도 똑같이 보상받고 싶다는 비난이나 투정으로 받아들이는 것 같았다. 그런데 계약조건에 따라 생각이 달라질 거라는 전제는 대체 어디서 나온 걸까? 정규직이 된 이후에도 그 의문은 여전하다. 콘텐츠를 제작할 때는 지위와 상관없이 치열한 피드백이 이뤄져야 한다고 말했을 때도 비슷한 이야기를 들었다.

"네가 선배가 되면 그렇게 생각 안 할걸?"

인턴의 말도, 파견직의 말도, 계약직의 말도 동등하게 귀담아들을 수 있겠느냐는 이어진 질문에 나는 당연히 고개를 끄덕였다. 피드백 주고받는 데 지위와 계약조건이 대체 무슨 상관일까. 더구나 내가 일하고 있는 디지털 분야에서는 어릴수록 더 디지털 친화적이라 인턴 친구들의 의견이 많은 도움이 된다.

'의견을 내려면 자격을 갖추고 오라'는 식의 말은 사실 어렸을 때부터 많이 들었다. 미성년일 때 어른들 생각에 반하는 의견을 내놓으면 아직 덜 커서 그렇다고들 했고, 스무 살이 넘어서 똑같은 생각을 이야기하면 아직 사회에서 자리를 잡지 못해 그렇다는 말이 돌아왔다. 아니, 그럼 저는 언제 말하죠? 그들의 논리에 따르면 나는 영원히 말할 자격이 없다. 그들은 늘 나보다 나이가 많고, 선배고, 경력도 많을 테니까.

　바다에 나가면 누구도 함부로 자격에 대해 이야기하지 않는다. 겉모습만으로 판단하지도 않는다. 만삭에 가까운 임신부도 보드 위에서 사뿐사뿐 걸어 다니고, 어린아이들이 프로 딱지를 붙인 보드를 타고 날아다닌다. 실력이 좋다고 누군가를 가르치려 들지도 않는다. 숏보드, 롱보드, 펀보드, 바디보드(일반 보드의 절반 정도 크기로 일어서서 타지 않고 엎드려서 탄다) 등 서로 다른 보드를 타고, 서로 다른 파도를 타니까. 각자 파도를 잘 타고 오면 엄지손가락을 들어 보일 뿐이다.

　얼마 타지 않은 사람도 나보다 더 잘 탈 수 있다. 바다는 단지 그 바닥을 잘 아는 현지인이라는 이유로, 오래 탔다는 이유만으로 더 좋은 파도를 내주지 않는다. 그래서 서퍼들은 각자의 방식으로 파도를 타는 데 집중한다.

　파도 위 선배들은 파도 입문자에게 이래라 저래라 훈수를 두지 않는다. 딱 필요한 조언만 해준다. 입보다는 팔을 움직여라. 타려고 했던 파도를 누군가 먼저 잡았다면 보드를 빼라. 깨진 파도를 피하지 못한 건 내 탓이다. 그리고 잘못 타는 사람에게는 가끔 파도를 양보해라. 1950~60년대를 주름잡았던 프로 서퍼 필 에드워즈는 "최고의 서퍼는 가장 재미있게 타는 서퍼다"라고 말했다. 그저 기본적인 룰을 지키면서 즐기면 된다. 바다 위에서는 그거면 충분하다.

"재밌게 타!"

"응, 재밌게 타고 올게."

보드를 옆구리에 끼고 바다에 들어갈 때마다, 이런 대화를 한다.

언젠가 누군가의 선배가 된다면, 파도 위 선배들 같은 사람이 되고 싶다. 파도를 타기 위해 온 힘을 다하는 모습을 보이고, 실력과 상관없이 예의를 지키고, 양보도 할 줄 아는 선배. 무엇보다 스스로 이 순간을 즐기기 위해 노력하는 그런 선배.

우리에게 리쉬가 있다면

서핑을 한다고 하면 다들 걱정스러운 표정으로 한마디씩 한다. 수영을 못해도 할 수 있느냐고. 충분히 걱정될 법도 하다. 파도에 말리고 휩쓸리고 패대기쳐지기 일쑤인데 수영을 못한다면? 서핑에 도전해보고 싶긴 하지만 수영을 못해서 못한다는 사람도 꽤 많다.

그런데 꼭 수영을 할 수 있어야 파도를 탈 수 있느냐 하면 그건 아니다. 물론 잘한다면야 깊은 바다로 나갔을 때 훨씬 더 도움이 되겠지만, 수영을 못해도 서핑은 할 수 있다. 부력이 상당한 서프보드가 그 자체로 구명조끼 역할을 하기 때문이다. 보드만 잘 붙잡으면 비교적 안전하게 서핑을 즐길 수 있다. 여기까지 이야기하면 더욱더 겁에 질린 표정으로 또 다른 질문을 던진다.

"만약 보드를 놓치면? 그땐 어떻게 해?"

그 질문에 나는 대뜸 발을 들어 오른 발목을 보여주는 것으로 대답을 대신한다.

"뭐야, 파도 문신 예쁘다!"

다들 발목에 있는 파도 문신에 시선을 빼앗기지만, 내가 보여주려는 건 문신이 아니다. 그게 아니라 다른 걸 보라고 고개를 가로저으면서 발목을 다시 가리킨다. 오른 발목은 까만 다리 중에서 유일하게 하얀 부위다. 바다에 나갈 때면 항상 굵은 끈으로 칭칭 묶어놓기에 그 부분만 타지 않아 하얗게 남았다.

"끈이 있어. 보드랑 사람을 연결하는 끈. 리쉬라고 하는데, 보통 발목에 연결해."

여기까지 듣고 나서야 사람들은 안심한 표정을 짓는다. 보드를 놓쳐도 언제든 잡아당겨서 끌어안을 수 있으니까.

리쉬 길이는 보통 보드 종류에 따라 달라진다. 워킹을 많이 하는 롱보드를 탈 때는 숏보드보다 두 배 정도 긴 리쉬를 사용한다. 보드 위를 걸어 다니는데 리쉬가 짧으면 넘어질 수도 있기 때문이다. 그런 상상은 하고 싶지도 않다.

서퍼에게 있어 리쉬의 의미는 각별하다. 그저 보드를 잃어버리지 않게 해주는 끈이 아니라, 하늘에서 내려온 동아줄과도 같다. 호랑이처럼 사나운 바다가 아무리 포효해도 이 동아줄만 있으면 언제든 물 밖으로 나갈 수 있다. 특히 큰 파도를 정면으로 맞았거나 타려고 하다가 바닷속으로 박혀버리거나 하면 리쉬의 존재가 더욱더 빛을 발한다. 파도는 그 힘이 무시무시하게 세서 잘못 맞으면 골절될 수도 있고, 진짜 빅웨이브에서는 죽을 수도 있다. 그렇게 절체절명의 순간에 리쉬는 그야말로 생명의 동아줄이다.

리쉬는 서퍼가 너무 깊이 잠기지 않도록 해주는 안전장치다. 보드에 매달린 채 서퍼를 구하러 들어오는 구급대원과도 같다. 숨 쉴 수 없는 공간으로 한없이 끌려 들어가지 않도록 팽팽하게 서퍼를 잡아당긴다. 물 밖으로 나가자고, 저기가 물 밖이라고, 산소 부족으로 혼미해지는 정신을 꼭 붙들어준다. 그렇게 리쉬의 도움으로 간신히 물 밖으로 나와 보드 위에 올라서면, 살아 있다는 걸 절절히 실감할 수 있다. 심장이 둥둥 북처럼 울린다. 또 다른 파도가 나를 삼키려고 하지는 않는지 이리저리 살피는 가운데 온몸의 피가 팽팽 도는 게 느껴진다.

그렇게 몇 번이나 리쉬 덕분에 죽을 고비를 넘겼는지

모른다. 그래서 바다에 들어가려고 리쉬를 찰 때면 나를 지켜주는 거대한 손을 잡는 기분으로 중얼거린다. '이번에 도 나를 건져서 숨 쉬게 해줘.'

그런데 영원히 끊어지지 않을 줄로만 알았던, 철석같이 믿었던 리쉬가 바다에서 끊어진 적이 있다. 다섯 번째로 발리에 갔을 때다. 해변에서 40미터 정도 떨어진 바다 위에서 2미터가 넘는 파도를 만났다. 이 파도에 말리면 꼼짝없이 죽을지도 모르겠다 싶어서 팔이 빠지게 패들아웃을 했다. 그런데 어라? 파도를 막 넘고 나서 보니 어째 발목이 허전하다. 동아줄처럼 꼭 잡고 리쉬를 끌어올리는데 절대로 보여서는 안 되는 줄의 끝이 보였다. 뎅강, 깔끔하게 썰린 리쉬가 내 손에 대롱대롱 매달려 있었다. 그리고 아뿔싸, 파도 넘을 때 잠시 놓친 보드가 어디에도 보이질 않았다.

아, 내 짧은 생이 이렇게 끝나는 건가. 심장이 쿵 내려앉았다. 하필이면 오랜만에 발리에 돌아와서 바다에 들어간 첫날 리쉬가 끊어질 줄이야. 입에서 저절로 "Help me!"라는 말이 터져 나왔다. 타이밍을 잘못 맞춰 입을 벌리면 바닷물이 입속으로 밀려들었다. 꼬로록 꼬로록. 리쉬만 믿고 마음 푹 놓고 지냈던 지난날이 스쳐 지나갔다. 아아, 안녕.

생이여.

1초가 억겁처럼 느껴졌다. 큰 파도가 두 번이나 더 나를 덮친 후에야 바다가 조금 잔잔해졌다. 여전히 정신을 못 차리고 있는데, 주변 서퍼들이 내게 다가와 자신의 보드 앞쪽을 쓱 내밀었다. 아, 살았구나. 안도감이 밀려왔다. 한숨 돌리고 나자 저 멀리 주인을 버리고 해변을 향해 쏜살같이 달려가는 나의 보드가 눈에 들어왔다.

"뜨라마까시, 땡큐, 땡큐."

호흡도 어느 정도 돌아왔겠다, 이제 바다에서 나가야 한다. 고맙다는 인사를 하고 앞으로 한쪽 팔을 쭉 뻗고 몸을 폈다. 그래야 파도의 추진력을 받아 더 빨리 앞으로 나아갈 수 있다. 바다 수영을 했었기에 망정이지, 그렇지 않았다면 엄청난 패닉에 빠졌을 것이다. 앞을 보고 헤엄치다가 뒤를 보고 숨 쉬고를 반복했다. 얼마나 갔을까, 드디어 발이 땅에 닿았다. 이젠 보드를 찾을 차례다.

"hey!"

덜렁거리는 리쉬를 풀고 막 주위를 둘러보려는데 누군가 외치는 소리가 들렸다. 나를 내버려두고 황망하게 가버린 보드와 함께 현지인 몇이 서 있었다. 코에서 바닷물이 줄줄 흘렀지만 아랑곳하지 않고 허둥지둥 달려가서 보드를 집어 들었다. 잃어버린 자식을 만나면 이런 기분일까 (물론 자식은 없습니다만). 보드를 지켜주던 현지인은 내 어깨를 툭 치고는 쿨하게 어디론가 사라졌다.

그제야 완전히 긴장이 풀렸다. 다리에서 힘이 쏙 빠져 나갔다. 그대로 해변에 주저앉자, 잘린 리쉬가 눈에 들어 왔다. 리쉬가 있으니 걱정 붙들어 매라고, 무서워할 것 하나 없다고 큰소리쳤었는데, 내 리쉬가 끊어지다니. 뭐 이런 일이 다 있나 싶어 헛웃음이 나왔다. 잘린 리쉬와 보드를 들고 출발했던 곳으로 돌아가자 다들 날카롭게 잘린 리쉬를 신기하게 쳐다봤다.

"이 리쉬 언제 산거야?"

서핑 크루 사이에서 대장님으로 불리는 노제 오빠가 물었다. 리쉬는 지난번에 발리에 왔을 때 산 거라 사용한 지 얼마 안 된 '새삥'이었다. 내 대답에 노제 오빠는 잠시 뭔가를 생각하는 것 같더니 이렇게 말했다.

"리쉬가 소금물에 절었는데 오래 안 쓰고 가만히 놔두면 굳어서 이렇게 잘릴 수도 있어."

그래, 너도 영원히 끊어지지 않는 건 아니구나. 마음이 착잡했다.

"근데 어떻게 나왔어? 라이프가드 출동 안 하던데."

"옆 보드에 잠깐 매달렸다가 수영해서 나왔어요."

다들 '너도 참 너다' 하는 기가 찬 표정으로 나를 쳐다봤다. 원래 이럴 때는 빨간색 바지를 입은 라이프가드가 노란 보드를 타고 구조하러 온다. 유난히 크고 긴 그 보드를 보면서 한 번쯤 꼭 타보고 싶다고 생각했는데, 기회를 놓쳤다는 생각에 괜히 입맛을 쩝쩝 다셨다.

"보드는?"

"로컬이 주워서 해변에서 줬어요."

아, 그러고 보니 그 짧은 순간에 참 많은 사람이 나를 도와줬구나. 도와달라는 말에 보드를 내밀어준 서퍼들, 언제 올지 모르는 보드 주인을 해변에서 기다려준 현지인. 혼이 다 나간 상태라서 이름도 못 물어본 게 못내 미안하고 아쉬웠다. 친구들은 끊어진 리쉬를 돌려 보고는 내게 다시 넘겨줬다.

리쉬는 절대 안 끊어진다고 큰소리 뻥뻥 치던 과거의 나를 반성한다. 리쉬도 때로 끊어진다. 다음에 또 누군가 묻는다면 이번에는 한마디를 더 보태야겠다. 만의 하나 리쉬가 끊어진다면 사람들이 도와줄 테니 걱정하지 말라고. 손 내밀면 도와줄 사람이 있고, 라이프가드도 있다고. 절대 끊어지지 않을 리쉬는 사실 나와 함께 바다에 나가 있는 사람들이라고.

인생에도 리쉬가 필요한 순간이 있다. 나한테는 취준시절이 그랬고, 갱년기의 엄마에게는 할머니의 부고를 들었을 때가 그랬고, 동성애자 친구에겐 아우팅을 당했을 때가 그랬다. 그리고 가정 폭력에 시달리던 친구가 자살을 시도했을 때가 그랬다. 내가 그들에게 리쉬가 되어줄 수 있다면 얼마나 좋을까 간절히 바랐다. 비록 현실에서 내가 할 수 있는 노력이라곤 리쉬에 비하면 연약하기 그지없는 가느다란 실오라기 정도였지만.

"밥 먹었어?" "뭐 먹었어?"

아무 일 없어도 괜히 한 번 더 전화하고 안부를 묻는다. 리쉬만큼 팽팽하게 끌어당길 수는 없지만 적어도 여기 숨 쉴 수 있는 곳이 있다는 것만은 알려주고 싶으니까. 내가 언제나 엄마 옆에 있다고, 나는 언제나 너를 지지한다고, 그리고 너는 어떤 폭력도 당해서는 안 되는 소중한 사람이라고. 극심한 우울증에 시달리던 친구가 차츰차츰 괜찮아지더니 어느 날 내게 이런 말을 했다.

"근데 엄청 많은 사람이 나한테 밥 먹었냐고 묻는 거야. 다들 각자의 방식으로 각자가 할 수 있는 선에서 나를 격정하고 있더라고. 그런 생각을 하니까 좀 살 것 같더라."

　친구 말을 들으니 우리 발에 묶여 있는 아주 단단한 리쉬가 보였다. 실오라기가 겹겹이 모여 만들어진 동아줄 같은 리쉬, 아무도 끊을 수 없는 단단한 마음.

　거센 바다에서도, 바람 잘 날 없는 일상에서도 포기하지 않고 버텨내려면 이런 리쉬가 필요하다.

뭍에선 요가를,
바다에선 서핑을 합니다

발리 하면 서핑과 더불어 요가도 아주 유명하다. 그중에서도 우붓에는 좋은 요가원이 정말 많다. 유명한 만큼 사람도 참 많은데, 이상하게도 북적대는 도시 느낌이 전혀 없다. 그게 바로 우붓의 매력이다. 사람도 자연처럼 느껴지는 매력.

파도가 안 좋아서 서핑을 못 하는 날에는 종종 우붓에 간다. 스쿠터를 타고 가면 막혀도 딱 한 시간 정도가 걸린다. 우붓 요가원에 가면 보통 나 빼고 다 천상계다. 정말 놀라울 정도로 잘하는 사람이 많은데, 지상에 발붙이고 사는 나도 그들 사이에서 마음 비우는 법을 배우고 간다.

요가는 9년 전쯤에 시작했다. 처음에는 다이어트에 도

움이 좀 될까 싶은 마음이 컸다. 그런데 하다 보니 다이어 트보다는 디톡스에 가까웠다. 스트레스 디톡스. 주로 분 노, 절망, 좌절처럼 부정적인 감정이 치밀어오를 때마다 요가 매트 위에 선다. 그리고 나에게 이런 감정을 선사한 누군가로 향하는 길을 끊어내고 내 안에 있는 감정을 들여 다본다. 나는 왜 화가 났을까? 왜 짜증이 났을까? 손바닥 도 마주쳐야 소리가 난다는데 내 잘못은 없는 걸까? 1:9든 5:5든 9:1이든 그건 중요하지 않다. 두 손을 모으고 '나마 스떼' 할 때쯤이면 내 안의 화는 물을 끼얹은 듯 착 가라앉 는다. 그리고 요가원을 나올 때 오늘 내가 미워했던 상대 에게 사과 문자를 보낸다. 이러저러한 점은 내가 잘못했고 미안하다고.

처음 서핑을 배울 땐 요가와 비슷하게 나를 돌아보고 들여다보는 점이 좋았다. 유연성이나 코어 근력처럼 요가 에 필요한 부분이 비슷하게 적용됐기에 서핑을 시작하기 가 더 수월하기도 했다. 보드 위에서의 자세는 매번 요가 동작을 연상케 했고, 균형과 호흡이 중요한 것까지 같았 다. 쌍둥이만큼이나 요가와 서핑은 닮은 점이 많았다. 하 지만 성격이 딴판인 쌍둥이도 있듯, 하면 할수록 그 둘은 너무나 달랐다.

　요가가 내 안을 다스리는 법을 알려준다면 서핑은 내 밖 세상을 살아가는 방법을 알려준다. 요가는 단단한 바닥 위에서 내 몸 안의 균형을 찾아가는 과정이다. 나를 흔들리게 하는 건 들숨과 날숨, 고민과 슬픔, 절망과 번민처럼 오로지 나에게서 비롯되고 그걸 가라앉히는 힘도 내 안에 있다. 요가를 하면서 나는 스스로에게 집중하고 내 생각과 감정을 따라가면서 나를 이해하는 시간을 가졌다. 흔들리지 않는 단단한 나, 그것이 요가를 통해 내가 얻은 결과물이었다.

　하지만 서핑은 흔들리는 게 본질이다. 두 발을 딛고 있는 보드의 바닥은 어떤 바다에 있는지, 어떤 파도를 타는지에 따라 계속 바뀐다. 그에 맞춰 흔들려야 한다. 흔들리지 않고 버티려고 할수록 넘어지는 게 서핑이다. 바다에 나가면 나를 흔들어대는 세상에 대해 생각한다. 아무리 단단하게 나를 다져놔도 세상에는 언제나 예기치 않은 변화가 출몰하니까.

　또 하나, 요가가 인생이라면 서핑은 야생이다. 요가를 배우려면 선생님의 보호와 가르침이 필요하다. '우르드바다누라사나'라는 요가 동작이 있다. 몸을 뒤집힌 U자로 만드는 백밴딩 자세인데, 나는 선생님이 없으면 아직도 두려워서 이 자세에서 잘 내려오지 못한다. 때로는 숨 쉬는 걸 잊어서 선생님 신호에 맞춰 숨을 들이마시고 내쉰다. 동작 하나에도 허덕이는 나를 선생님은 연신 '괜찮다', '나아지고 있는 과정이다'라며 다독인다. 가끔 요가를 하기 위해서가 아니라 그 말이 듣고 싶어서 요가원에 가기도 한다.

하지만 서핑에선 말이 없다. 보호자도 없다. 서퍼가 되면 태어나자마자 일어서야 하는 얼룩말처럼 바다에 던져진다. 숨은 쉴 수 있을 때 쉬어둬야만 한다. 1초 후에 파도가 나를 덮치면 한동안 숨 쉬지 못할 테니까. 바다는 맹수처럼 호시탐탐 나를 노리고, 살아남으려면 나를 보호하는 법과 파도의 위협을 피해 바다에 떠 있는 법 그리고 파도를 잡는 법을 배워야만 한다.

세상은 그대로인데 내가 흔들릴 때면 요가 매트 위에 선다. 온 정신을 나에게 쏟는다. 손가락 끝부터 발가락 끝까지 온몸을 느낀다. 가슴이 오르락내리락하는 호흡을 느낀다. 어디서부터 내가 흔들리는지, 이대로 흔들려도 괜찮은지 가만히 지켜본다.

반대로 나 빼고 모든 것이 바뀌는 것 같을 때는 서프보드 위에 선다. 그리고 세상의 리듬에 맞춰 흔들린다. 파도가 어디쯤에서 깨질지, 언제 서고, 또 언제 내려와야 할지, 몸이 알아서 최적의 순간을 찾아낼 때까지 바다 위에서 한껏 흔들린다.

그런데 어디 하나만 따로따로 흔들리라는 법이 있던가. 보통은 내가 흔들릴 때 세상도 흔들렸고, 세상이 움직일 때 내 마음도 요동을 쳤다. 그럴 때면 서핑과 요가, 둘 다 너무나 필요하다.

특히 이직을 고민할 때가 그랬다. 바깥에선 이러저러한 제안이 들어오고, 회사 안에서도 계속해서 여러 가지 상황이 변했다. 그리고 디지털 분야에서만 5년을 일하면서 회의감과 무기력이 차오르는 날이 많았다. 무엇이 원인이고 결과인지도 모르고 정신없이 흔들리는 나날이 이어졌다. 이럴 때는 서핑과 요가를 할 수 있는 발리가 답이다. 저녁에 도착하자마자 짐을 풀고 바로 스미냑Seminyak에 있는 요가원으로 향했다. 이러저런 생각에 비행기 안에서 한숨도 못 잤는데, 요가로라도 머릿속을 비우지 않으면 계속 못 잘 것 같은 불길한 예감이 들어서였다.

어둑한 요가원에 들어서자 촛불이 희미하게 흔들리고 있었고 향초 냄새가 났다. 요가 선생인 제시는 무덤덤한 표정으로 앞에 가부좌를 틀고 앉아 있다. 다행히 내가 가장 좋아하는 뒷자리는 비워져 있었다. 자리에 서자마자 요가가 시작된다. 천천히, 그리고 격렬하게. 한 발로 균형을 잡고 다른 한 발을 들어 올리고, 정면을 응시하면서 머릿속을 떠나지 않는 생각을 더듬는다. 무엇이 고통스럽고 무엇이 힘든지 가만가만 실마리를 따라가다 보면 어느새 마음이 정리되고, 요가는 마무리에 접어든다. 사바아사나(송장 자세)를 취하는데 뒤쪽 작은 창문으로 시원한 바람이 들어온다.

그렇게 요가로 내 안을 정리했다면 이제 바다에 뛰어들 차례다. 잠시 그동안 나의 무엇이 변했는지 살핀다. 보드가 전과 다르게 뒤로 쏠리거나 한쪽으로 조금 기울었다면, 몸이 그쪽으로 치우쳤다는 뜻이다. 이제 지금의 나를 보드 한가운데 눕히고 바다를 바라보며 파도를 찾는다. 이 파도는 어떨까, 저 파도는 어떨까, 이 파도를 내가 탈 수 있을까, 고민을 이어가다 보면 어느새 패들링을 열심히 하고 있는 내가 있다.

서핑과 요가, 둘 다 나에겐 너무나 소중한 나침반이다. 요가를 통해서는 나로 사는 방법을, 서핑을 통해서는 그런 나를 지키며 세상에 적응하는 방법을 배웠다. 그리고 그 덕에 흔들리면서도 끊임없이 균형을 잡아나갈 힘을 얻었다. 안에서 밖에서 불어오는 거센 바람에 마음속이 머릿속이 복잡할 때, 나는 여전히 발리를 찾는다.

서핑 하는 내가 좋다

매해 새 플래너를 준비하면, 새 플래너 제일 앞장과 지난 플래너 제일 뒷장에 (조금 남부끄럽긴 하지만) 나에게 쓰는 편지를 남긴다. 나만의 이 작은 의식을 나는 열여덟 살 때부터 10년 넘게 이어오고 있다.

제일 앞장에는 이번 해를 어떤 모습으로 살아갔으면 좋겠는지에 대해 죽 적는다. 해마다 내용은 조금씩 다르다. 남에게 나의 기준을 강요하기만 하던 내가 남을 존중하는 방법을 조금이라도 배워나가기를, 진심이라는 이유로 함부로 말을 뱉던 내가 진심을 진심답게 전달하는 방법을 익혀나가기를 바라는 마음을 담은 적도 있다. 태도에 대한 내용만이 아니다. 작년에는 전세 집을 마련하면 좋겠다고 썼고, 재작년에는 취업을 하면 좋겠다고 썼다. 유기묘 래 핑이와 폭스를 입양했을 때는 책임감을 배웠으면 좋겠다고 썼었다.

그리고 지난 플래너 제일 뒷장에는 1년을 되돌아보면서 '잘했다, 고맙다, 사랑한다'는 말을 남긴다. 연초에 가졌던 바람이 이뤄졌는지, 바뀌기를 바랐던 것이 정말로 바뀌었는지, 혹 바뀌지 않았다면 노력이라도 했는지를 돌아보며 스스로를 다독이고 독려하는 것이다. 잘한 것이 있으면 아낌없이 스스로를 칭찬한다. 1년을 갈무리하고 새로 시작하는 데 꽤 괜찮은 방법이다.

서핑을 하고 나서 칭찬 목록이 더 풍성해졌다. 처음 서핑을 시작한 해 플래너의 뒷장에는 바다에 오면 까매지는 내가, 리쉬 자국이 남은 내 발목이 좋다고, 서핑 하길 잘했다고 적혀 있다. 스스로를 옥죄고 제한하지 않아서 좋다는 이야기도. 서핑을 하며 나는 여러모로 확실히 자유로워졌다.

종일 파도를 쫓아다니느라 눕기만 하면 바로 잠든다는 항목도 있었다. 어릴 때부터 스트레스를 받으면 바로 불면증이 나타났었는데, 고 3 때는 증상이 극심해서 수능 때 아예 밤을 새고 시험을 봤다. 그 시기만 지나면 스트레스가 없을 줄 알았는데 그건 세상 순진한 소리였다.

취준생 때는 합격과 불합격의 압박 때문에, 회사에 들어간 다음에는 미래가 없는 비정규직의 불안정성 때문에 불면에 시달렸다. 제발 자고 싶다는 마음으로 누우면 내일은 또 무엇 무엇을 해야 하는데…… 걱정하다가 아침을 맞이하기 일쑤였다. 그런데 신기하게도 서퍼가 된 이후에는 그전의 내가 무엇 때문에 그토록 힘들어했는지 잘 기억나지 않는다.

지나간 파도를 곱씹지 않듯, 지나간 것은 지나간 대로 흘려보낼 수 있게 됐다. 바다를 대하듯 삶을 대할 수 있게 됐다. 잘 못해도, 물에 빠져도, 파도에 말려도 괜찮다고, 그게 바다고 세상이고 삶이라고 생각할 수 있게 됐다.

2016년부터 지금까지 매해 나는 플래너 앞장에 '올해도 서핑을 하는 사람이면 좋겠다'라고 쓴다.

서핑이 좋다. 서핑 하는 내가 좋다.

editor's letter

세상이 애먼 내게 박치기를 하는 것 같은 순간이 있습니다.
출렁, 어쩔, 별수 있나요. 흔들리고 흔들리고 흔들리고……
그래도 끝내 균형을 잡아야죠. 서핑 하는 과정이 딱 그런 것 같아요.
사는 동안 우리, 흔들려도 아주 흔들리진 않기를.